言葉の力を育てる

梶田叡一 著

金子書房

言葉の力を育てる　目次

プロローグ

言葉の多面的な働き

言葉——混沌を秩序づけるもの

「初めに言葉ありき」という有名なフレーズが、新約聖書『ヨハネ福音書』の冒頭に置かれています（注1）。

初めに言《ことば》があった。言《ことば》は神と共にあった。言《ことば》は神であった。この言《ことば》は、初めに神と共にあった。万物は言《ことば》によって成った。成ったもので、言《ことば》によらずに成ったものは何一つなかった。言《ことば》の内に命《いのち》があった。命《いのち》は人間を照らす光であった。光は暗闇の中で輝いている。暗闇は光を理解しなかった。

このフレーズは、旧約聖書の冒頭に置かれている『創世記』の書き出し部分の、次のような文言を踏まえていると言われます（注2）。

初めに、神は天地を創造された。地は混沌であって、闇は深淵の面《おもて》にあり、神の霊が水の面《おもて》を動いていた。神は言われた。「光あれ。」こうして光があった。神は光を見て、良しとされた。神は光と闇を分け、光を昼と呼び、闇を夜と呼ばれた。夕べがあり、朝があった。第一の日である。

宗教的な含意は別として、「ある対象や現象に一定の言葉を付与する」という行為が、混沌としたものに一定の形を与え、秩序をもたらし、生命を与えるものであるという認識が、既に二千年前といった昔から人々の間にあったことが分かります。

ハッと何かを感じたり意識したりする時、我々の頭の中の意識世界は、未だ形も秩序もない混沌としたものです。例えば、夏の暑い日、好みのアイスクリームの一匙を口に頬張った、という状況を頭に浮かべてみてください。冷たい感覚と共にジュワーと口の中一杯に快感が拡がりますが、それだけでは未分化の混沌とした、まさに「感じ」というだけのものです。「私の好きなバニラ味だ！」「夏にはアイスクリームが一番！」等々といった言葉が頭に浮かび出てきて初めて、その時その場での快感に一定の意味が与えられ、何らかのカテゴリーに分類され、意識の世界での整理整頓がなされるのではないでしょうか。

こうした言葉による意識世界の整理整頓ができて初めて、他の人に向かって自分のその時その場での体験を伝えることも可能になります。お互いに内的体験を伝え合うことができるのは、共通の言語体系に基づいた言葉を使って、互いに通じ合う形でその体験に意味付けをし、それを相手に伝達できるからです。また、体験に貼り付けた言葉を用いて初めて、そのことに関して考えたり判断したりすることも可能になります。思考や判断は、言葉を道具として行われるものであることを、いささかも軽視してはならないでしょう。さらに通常は、自分自身の体験も、こうした言葉による整理整頓を通して初めて、後々までの記憶として保存し活用できるようになるのです。もちろん、フランスの小説家プルーストが『失われた時を求めて』で描くように（注3）、原初の感覚的な体験そのものが、ずっと後になって、何かのきっかけで何ら言葉の介入のない形でありありと蘇る特殊な場合もないわけではないのですが。

言葉の持つ主要な働きの再確認を

ここで、言葉の持つ主要な働きを、まとめておくことにします。

まず、われわれ人間のあらゆる精神活動の土台には言葉の働きがあることを忘れてはなりません。学校での学習活動も、言葉が土台になっていることは改めて言うまでもありません。何よりもまず、教師の言葉や教材の言葉が理解できなくては学習を進めようがないでしょう。また、自分自身に対して呼びかけ、励まし、支援するための内的な言葉が十分に準備されていないなら、学習活動そのものも進展しようがありません。そして学ぶ活動で肝心な位置を占める、認識し、思考し、探究し、判断し、等々の活動は、まさに言葉を道具として用いたものにほかならないのです。

しかし残念なことに、一部には、言葉の働きを非常に矮小化した形で捉える向きも見られないではありません。言葉をコミュニケーションの道具という面からのみ考え、「言葉の力＝言語活動＝聞く・話す力」、とする矮小化した理解が少なからず見られるのです。こうした一面的で偏狭な理解の仕方が大手を振ってまかり通るのは、言葉について、特にその主要な働きについて、多面的な理解が不充分なためではないでしょうか。

言葉の果たす主要な機能として、少なくとも次のような六種類は考えておくべきだろうと思います。

第一は【認識の道具】としての言葉です。感覚されたもの体験されたものは言葉によってカテゴリー化され、概念化され、はじめて認識が成立するわけです。かつてアメリカの言語学者S・I・ハヤカワ等が強調したように（注4）、内外の感覚世界＝体験世界を「現地」として考えるとすれば、それが言葉化されて整理整頓され、認識となったものは「地図」と言っていいでしょう。言い換えるなら、感覚でも体験でも、言葉を用いて整序されて初めて認識となるのです。そして認識は、現実の感覚や体験という「現地」について整理され記号化された「地図」としての意義を持つのです。

第二に、言葉は【記録の道具】でもあります。時々刻々の情報も、そのごく一部が言葉によって整理され蓄積＝記憶されていくことになります。人は多くの場合、これを頭の中でやっているわけです。しかしながら、現代社会では情報の蓄積・活用として、それだけでは決定的に不十分なので、言葉を用いて紙媒体に記録したりパソコン等に打ち込んだりする形で、個体の外部に情報を蓄積＝外部記憶していくことになります。資料や本やファイル等の形でこれがまとめられていくわけです。これによって人の活用する情報量は、現代社会においては飛躍的に増大しているのです。

第三に、言葉は【思考の道具】です。言葉を用いて初めて思考が可能になるのです。課題追究、問題解決といった活動も思考抜きには考えられません。その根底には言葉という形をとった概念や論理の学習も不可欠です。文章や発言の筋道をきちんと読み取ること、筋道を通した表現ができること等が収束的思考のためには必要となります。また同時に、イメージを広げていく拡散的思考のためには、一つの言葉なり概念なりから多くのことを思い浮かべることができる、といった力が大事になるのです。

第四に、言葉は【伝達の道具】です。この点については、従来からさまざまな形で強調されてきましたが、表現の力、発表の力、傾聴の力、読解の力などは、言葉による伝達を有効適切なものにする上で不可欠のポイントと言っていいでしょう。

第五に、言葉は【精神の呪縛・解放・鼓舞の道具】でもあります。日本に伝統的な言霊信仰も、この面から見直してみるべきでしょう。また、俳句や短歌や詩といった詩的言語はもとより言語芸術の全体が、単なる伝達の域を越え、精神そのものへの強い働き掛けの面を持っています。さらには、TVや新聞・雑誌やインターネットのコマーシャルが、さらには政治家や新興宗教の指導者らの大衆向けアピールが、どのような扇情的意味を持つか、冷静かつ客観的な形で認識していく必要があるのではないでしょうか。

第六に、総括的に言えば、言葉は【文化そのもの】なのです。そしてまた【文化の継承・創造の道具】でもあります。日本の古典の学習が改めて強調されるのも、日本語の持つ基本構造と日本人の培ってきた伝統的な発想・思想との必然的な関係性についての理解が重視されるのも、［言葉の学び＝文化の学び］ということの理解が深まってきたためでしょう。こうした学習を踏まえて初めて、深い基盤に根ざした新たな文化の創造も可能になるのではないでしょうか。

注

（1）一九八七年刊行の新共同訳『聖書―旧約聖書続編つき』日本聖書協会による。
（2）これもまた新共同訳の『聖書』による。

（3）マルセル・プルースト（一八七一～一九二二）はフランスの小説家。『失われた時を求めて』は、一九一三年から一九二七年までかかって全七巻が刊行された畢生の大作。
（4）S・I・ハヤカワ（大久保忠利訳）『思考と行動における言語』岩波書店、一九六五。

コラム

聖なる言葉〈オーム〉

「オーム」という言葉を下腹に力を込めて口にすると、落ち着いた気分になります。「オーム、オーム、……」と続けて唱えていくと、自然に気持ちが深まっていく感があります。「オーム」は、聖なる言葉なのです。

この言葉のイメージは、残念なことに、オウム真理教を名乗る集団によって引き起こされた一連の、非常識で残虐な、どこか幼稚ささえ感じさせる事件のおかげで、すっかり汚されてしまいました。しかしもともとは、サンスクリット語の感嘆詞「そうだ！」「然り！」という意味であって、キリスト教で使う「アーメン」とほぼ同義です。ヒンズー教では、天と地と空が、過去と現在と未来が、この「オーム」という一語に象徴される、という究極の真言とされています。この言葉が後にヨガの流れに入り、また仏教では真言宗など密教の系統において、大事にされてきました。

「オーム・マ・ニ・パッド・メ・フム」。私が一九九九年にネパールの首都カトマンズのチベット仏教の総本山を訪ねた時、僧侶にもらった紙に刷られていたマントラの言葉です。この聖句の冒頭に置かれているのも「オーム」でした。これら六個の言葉のシンボリックな意味は、「黙思・忍耐・規律・知恵・寛容・勤勉」であるといわれます。そしてこれを唱えるだけで、邪気が払われて、幸せが来るということです。ちなみに、「オーム」のシンボルカラーは白で、最後の「フム」は黒であり、間の四つはそれぞれ緑、黄色、青、赤、とされています。

案内役をしてくれた国立トリブバン大学の学生プロカス君は、古い仏教寺院を訪ねるたびに、仏像の前で、敬虔な顔をしてこの六個の聖なる言葉を繰り返し唱えます。彼はもともとヒンズー教徒ではあるけれど、今では宗派なんかにこだわりたくないし、古くさい宗教は何であれ嫌だと言います。ネパールの社会も急速な近代化の中で、欧米や日本と同じような世俗化（脱宗教化）が急速に進んでいることを感じずにはいられません。

「宗教には関心がない」と口にする彼なのに、仏像の前では「オーム・マ・ニ・パッド・メ・フム」と熱意を込めて口ずさむのです。「胸の中にこの言葉がいつも鳴っているんです」と彼は言います。いかにも自然です。

そう言えば、私が大学生の頃に参加した座禅の会で、「オーム」と唱えながら座ると無念無想になりやすいし、見性（悟り）も早い、と参禅者同士の会話の中で盛んに説いていた年配の人がいたことを思い出します。心の中で「オーム」という言葉が不断に鳴り響いていたら、要らぬことを考えなくて済むでしょうし、要らぬこだわりもどこかに行ってしまいそうです。

幸いなことにオウム真理教は、その名を捨て、アレフ等に名前を変えました。これからはこだわりなく、心の中で「オーム」「オーム」と繰り返し唱えることができそうです。私も久しぶりに静座し、頭頂で天空を突き上げるように背筋を伸ばしながら、下腹に力を入れてゆっくりと腹式呼吸をしつつ、「オーム」「オーム」と唱えてみることにしたいと思います。時々刻々が幸せに満たされることを祈りながら……。

第1章

母語としての日本語の意義

日本で生まれ育つ子ども達にとっては、当然のことながら、「言葉の力」とは母語としての日本語の力ということになります。日本生まれ日本育ちの子どもにとっては、少なくとも次の四つの意味において、日本語が必須の意義を持つことになるのです。

（1）自分自身の認識や思考の基盤となる
（2）日本社会でのコミュニケーション（伝え合い）の道具となる
（3）日本の文化や伝統を体現し伝えてくれる
（4）精神的に呪縛・解放・鼓舞するものとなる

国語教育と言わないで日本語教育と呼ぼうという主張が根強くありますが、母語としての日本語の持つこうした四つの意義を考えてみる場合、そう簡単に賛成するわけにいかなくなります。母語を学ぶということは、子どもにとって単に気持ちや情報を伝え合うコミュニケーションの道具（2）を一つマスターする、ということだけではありません。例えば第二言語として英語や仏語や中国語等々をマスターする場合と同様の意味を母語の学習が持つわけではないのです。このことは特に、母語が認識や思考の基盤となること（1）を、そして精神的に呪縛・解放・鼓舞するものとなること（4）を考えてみるならば、また、それらと分かちがたく結合している機能として、母語としての日本語が日本の文化や伝統を体現し伝えてくれるものであること（3）を考えてみるなら、明々白々ではないでしょうか。

母語としての日本語

母語は、人が乳幼児期から周囲の人（特に母親）の用いる言葉を耳にしながら少しずつそれに習熟し、その言葉によって周囲の人との相互活動を徐々に発達させていく、といった経過を通じて習得する言語です。この意味において、母語はその人にとって最初の言語であり、また基盤的な意味を持つ言語です。そうした母語の体系を通じて、人は自らの感性や認識を、そして思考や判断の能力を形成していくことになるのです。

例えば、カナダのツンドラ地帯に生活するイヌイットの人達は、「雪」を表わす場合、少なくとも、独立した語幹として十五から二十種の言葉を持っている、という研究（注1）があります。そして、これらを使った合成語が多数あります。雪の状態を識別する言葉を数多く持っているわけです。しかし日本語では、雪の状態についての独立した語は「雪」だけで、それを使った合成語もそれほど多くはありません。したがって、カナダのイヌイットの人達は雪の状態についてより詳細な感覚を持ちながら大きくなっていくのに対して、日本人の場合には雪の状態についてきわめて大まかな感覚しか持たないまま育っていくことになるわけです。

また日本語では、「青」という言葉で、伝統的に、緑や藍や水色などを一括して表現してきました。だから「交通信号が青になったら渡りましょう（信号の色は本当は緑であることが多いのに）」といった言い方が、現在でもよくなされます。こうしたことから、日本人は大人になっても青と緑を区別しないで認識していることが少なくないのです。

このような例に示されるように、母語の語彙の体系がそれを用いる人たちの感性や認識の基盤となっていることを、もっと重視していいのではないでしょうか。日本語の場合にはどういう面については詳細な区別が言葉によって与えられているのに、どういう面についてはは区別が粗略で概括的な言葉を与えられがちか、といった点なども、長い年月の間の日本人の生活様式の反映として学ばせていく必要があるのではないでしょうか。

認識の基盤としての言葉を考える時、我々の外的世界にしても内的世界にしても、感覚されたものは言葉によってカテゴリー化され、概念化され、それによってはじめて認識が成立する、ということを忘れてはなりません。この場合のカテゴリーや概念を準備しているのが母語の体系なのです。

最近の多くの若い人達は語彙が少ないと言われますが、語彙が貧しくてはきめ細かな認識を成立させることができません。何を見ても、ポジティブな反応としては「カワイイ！」で済まし、ネガティブな反応としては「ウザイ！」で済ますとすれば、単純で二値的な認識しか成立しようがないでしょう。また、多様なタイプの感動や強い印象を「ヤバイ！」の一語で表現するのも、あまりにも概括的であるという点で大きな問題です。

コージブスキーやハヤカワらが理論展開した「一般意味論」(注2)から言えば、内外の世界そのものは「現地」として考えられるのに対し、それがコトバ化(ロゴス化)されて認識となったものが「地図」ということになります。「現地」が精密かつ歪みのない形で「地図」に反映されるためには、つまり私達の認識世界ができるだけ正確かつ妥当な形で成立するためには、語彙もレトリックも含め、何よりもまず母語を基盤とした言葉の力を用いなくてはならないのです。

思考もまた言葉を用いて、通常は母語を通じて、初めて可能になります。そして、課題追究や問題解決といった活動は思考抜きには考えられません。思考を問題にしていくならば、その根底となる概念や論理の学習をどうするか、が大きな課題となります。さらに、思考には収束的なものだけでなく拡散的なものもあることを考えるなら、類推や類比、外挿、連想などの学習をどうするか、までを念頭に置かなくてはならなくなるでしょう。

読むことと書くことが「強制されての思考」といった性格を持つとするなら、思考にとって、言い換えるなら自己とのコミュニケーション（自己内対話）にとって、こうした活動が特に重要な課題となることは明らかです。文章や発言の筋道をきちんと読み取る、筋道を通した発表ができる、論理的な文章が書ける、こういったことはいずれも収束的思考の力の発揮ですが、こうした活動の積み重ねが、思考の力を付けていくためには必要不可欠でしょう。同時に、一つの言葉なり概念なりからどのくらい多くのことを思い浮かべることができるか、ここまでの資料なり記述なりを延長してどのように考えるか、一見異なったものの間の類似性にどのように気付くか、といった拡散的思考に関わる活動の積み重ねも大切になります。

記録とコミュニケーションの道具としての日本語

日本社会においては、あらためて言うまでもなく、日本語を用いてのコミュニケーションがあらゆる場面で行われています。日本語をマスターしておかなくては、日本社会において十分な形で生活したり仕事をしたりすることは不可能です。こうした伝達の道具としての言葉の機能については、これまでしばしば語られてきたところですが、ここでは従来あまり語られなかった二点について触れておきたいと思います。

まず第一は、記録の道具としての言語という点です。情報の蓄積を個々の人の頭の中でやる

「記憶」だけでは不十分なので、どうしても個体の外部に情報の蓄積する「外部記憶」をしていくことになります。これによって、人の活用する情報量は飛躍的に増大することになるのです。コミュニケーションの基礎に、こうした言語記録が多く存在することは改めて言うまでもありません。日本の子どもが日本社会で生活していこうとする場合、日本語の特性を生かした形での記録の仕方、またその蓄積の仕方を学んでいかなくてはならないのです。

記録には図表もあり、映像もあり、音声記録もありますが、その主要な部分は言語による情報です。言葉を用いた記録は簡にして要を尽くすものでなくてはなりません。このためには「書く」ことを重視し、その指導の中で少なくとも5W1H（誰が・何処で・何を・何時・何故・どのように）の入った的確な記録が作れるよう練習させなくてはならないでしょう。また、「読む」ことについても、数多くの記録の中から何を選択し、どう読み取り、どう意味づけて受け止めるか、といった読解指導が重要になるのではないでしょうか。こうしたことに留意した日本語力の育成を、意識的に行っていかなくてはならないのです。

もう一つ、対人的コミュニケーションということで、誰もが「人々の眼（外的期待の体系）」「（無意識世界に根差した）意識世界」「提示された自己（自己表出）」という三層構造を通じて他の人に対する表現を含めた交流を行っている、ということにも着目しておかなくてはなりません（図1を参照（注3））。この三層のそれぞれが、日本の社会の構造的特性として、あるいは日本文化の伝統として、どのような具体的在り方を示しがちであるか、それを踏まえてどのような指導をしていけばいいのか、ということを考えてみなくてはならないでしょう。

ここで「提示された自己」と呼ばれているところは、その人の自己表出の在り方のことです。これは、自分自身の社会的役割をどう自覚し、社会の価値観や常識をどう配慮し、どのようにその場や相手に応じた言動を表出するか、ということに他なりません。

このような三層構造に着目するならば、例えば他の人の話すことを聞いたり、書いたものを読んだりする場合、どの水準まで考慮して読み取るかが大きな問題とならざるをえなくなります。言い換えるなら、言葉として表現されているものが、その人の立場なり社会的役割なりをどの程度まで反

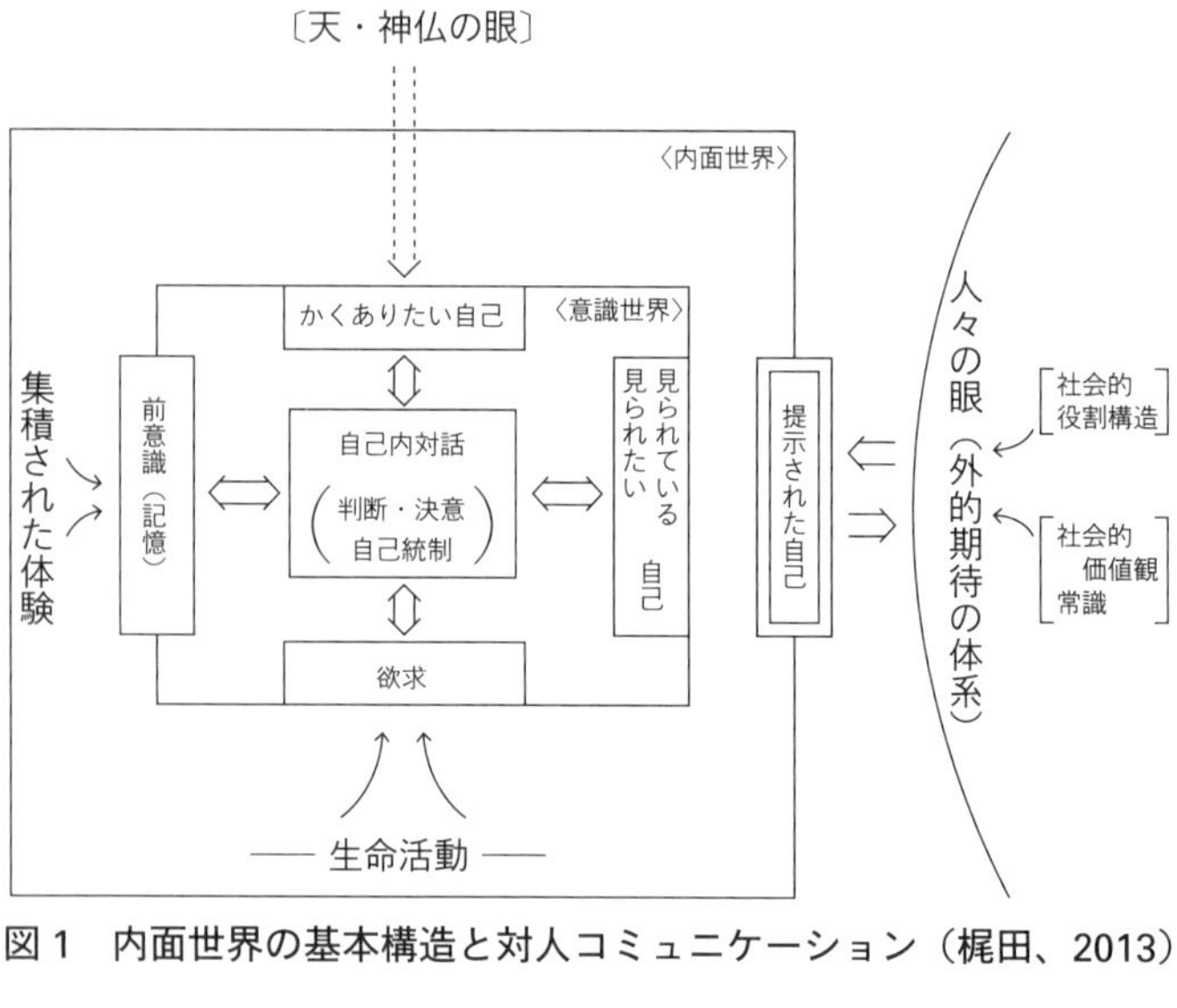

図１　内面世界の基本構造と対人コミュニケーション（梶田、2013）

映したものであるのか、そこにその人の「意識世界」はどのように関わっているのか、またそこにその人の意識化されていない体験や生命活動はどのような形で顔をのぞかせているのか、ということになります。例え「私の願いは……」という文章があったとしても、それを単純に、その人の「意識世界」の純粋な形での表出として見るわけにはいかない場合もあるのです。

日本人のコミュニケーションのあり方について指摘されることの多い「はにかみ」「気がね」「遠慮」、そして「内と外」等々といった特性を、このこととの関わりで十分に意識しておかなくてはならないでしょう。

日本の文化の継承・創造の道具としての日本語

言葉は先人の創り上げ積み重ねてきた文化の継承の道具であり、またその上に立って新たな文化を創造していくための道具でもあります。国語を学ぶということは、単に日本語でのコミュニケーション能力の習得というだけでなく、古典の学習を含め、文化としての言葉の学習でもあるということを、十分に念頭に置いておきたいと思います。

「文化的伝統の教育」ということは、二〇〇六年に公布・施行された新しい教育基本法の「教育の目標」の第五項に、伝統と文化を尊重し、それらをはぐくんできた我が国と郷土を愛するとともに、他国を尊重し、国際社会の平和と発展に寄与する態度を養うこと

とあるところを踏まえて考えてもいいでしょう。ちなみに、当時の野党第一党の民主党が対案として国会に提出した日本国教育基本法案においても、前文の結びの部分に、以下に示すような形で、政府案の場合とほぼ同趣旨の表現が置かれていました。

日本を愛する心を涵養し、祖先を敬い、子孫に想いをいたし、伝統、文化、芸術を尊び、学術の振興に努め、他国や他文化を理解し、新たな文明の創造を希求することである。

日本の文化や伝統を学校教育の中で重視するということは、当時の政治的な対立を越えた国民共通の願いだったと言ってよいのではないでしょうか。

「文化的伝統の教育」のためには、言葉で記録されてきたもの、言葉を用いた慣例的な行事や遊び、話芸と総称される落語や講談や漫才など、そして詩歌や小説、評論等の文学作品等々といった文化的所産に対して、これまで以上の関心が持たれなくてはならないでしょう。同時に、日本語そのものが日本の重要な文化的伝統を体現したものであるという視点からの教育的取組みが不可欠となるはずです。この意味で、学習指導要領の改訂が重ねられる中で小学校段

階から国語科の教科書に古典を載せていこう、という方向づけがなされるようになったのは、「文化的伝統の教育」と「言葉の力」を表裏一体のものとして実現していこうという志向の一つの具体化として、重要な意味を持つのではないでしょうか。

日本の古典から学ばせたいものは、何よりもまず、各時代の日本語の持つ優れた「調べ（調子）」です。これは繰り返し音読させることによって、実感的に把握させる以外にありません。その上で、用いられている語の意味や文章の組み立てを学ばせたいものです。

例えば「平家物語」の冒頭に、「祇園精舎の鐘の声」と具体的な描写が出てきますが、すぐに続けて「諸行無常の響きあり」と抽象的で原理的なものが提示されます。さらに「沙羅双樹の花の色」と具体的描写があり、続けて「盛者必衰の理をあらはす」と抽象的原理の提示となります。こうした具体と抽象を交互に畳掛けるように持ってくるといった文章作成上の技巧など も、日本古来の優れた認識及び伝達のスタイルを体現するものとして、十分に認識させ、味わわせていきたいものです。

さらには、古典の学習を通じて、日本語という言語体系そのものが日本人のコスモロジー（宇宙にまで及ぶ全体的世界観）の基本構造を反映したものであり、日本文化のあらゆる領域を支える精神構造を象徴的に示すものであることにも気づかせたいものです。例えば、日本語を用いた場合、なぜ主語を明示しないままで文章が続けられていくことが多いのかです。英語のように常に「主語・述語」を明示する文章に慣れた人にとっては、日本語の表現がいかにも不完全なものに思われるかもしれません。しかしこれは、日本人の基本的な認識様式が「述語主義」であるということの言語面での現れなのであって、何に付けても主語を想定しなくては気が済まないという欧米的な「主語重視主義」とは世界に対する基本態度が異なる、という点を考えさせたいものです。この「述語主義」は、宗教思想から政治思想にまで及ぶ日本文化のあらゆる領域に見られるものなのです。

精神的な呪縛・解放・鼓舞の道具としての日本語＝言霊信仰にも配慮しつつ

先にも触れましたが、人の精神の呪縛や解放、鼓舞といった面において言葉が非常に重要な役割を果たしているという面も、決して軽視されてよいものではありません。日本語で生活する人達は、多かれ少なかれ、日本語の体系に内在する精神代用的な機能によって、その心理的在り方が規定されてしまっているのです。日本に伝統的な、現在においてもなおその残滓が見られる言霊信仰（注4）も、この面から教育的に見直してみるべきではないでしょうか。

また当然のことながら、俳句や短歌や詩、小説やドキュメントなどといった言語芸術の全体が、単なる伝達の機能を越え、それに触れる人の精神そのものへの強い働き掛け機能を持っていることにも注目したいものです。さらには、我々の周囲に満ちあふれているコマーシャルやインターネットサービスが、どのような扇情的扇動的意味を秘めたものであるか、検討し、認識していくことも不可欠でしょう。こうした面での教育が、これまで日本では殆ど顧みられてこなかったことも強く反省すべきではないでしょうか。

注

（1）宮岡伯人『エスキモー—極北の文化誌』岩波新書、一九八七。『「語」とはなにか—エスキモー語から日本語をみる』三省堂、二〇〇二などを参照。

（2）「一般意味論」は、アメリカで活躍した学者のアルフレッド・コージブスキー（一八七九〜一九五〇）によって構築された理論であり、弟子の言語学者S・I・ハヤカワ（一九〇六〜一九九二）らによって広く知られるようになった。事物の記号である言語と事物そのものとの関係について多面的に論じる。

（3）梶田叡一『言葉の力と言語活動』ERP、二〇一三

（4）言葉にはその意味するところを実現する霊的な力が宿っているという信仰。例えば結婚式で「別れ」などという言葉を使ったりすると本当に離婚する事態になるとか、逆に良い言葉を使うと本当にそれが実現する、ということを心のどこかで信じているということ。

第2章 言葉の力の基礎づくり

言葉の力を獲得していく過程

小さな子どもが言葉をマスターしていく過程を観察しますと、まず周囲で話されている言葉を繰り返し耳にするところから始まります。そして、その過程で何度も印象に残った幾つかの語句（の断片）を自分でも口にしてみる、という段階に進みます。さらには、自分の口にした語句によって相手が欲する通りに動いてくれたり、欲するところに応えてくれたりすると、その語句を同じような状況で繰り返し使ってみるようになります。この土台にあるのは、他の人に対して欲するところ、欲するものを訴え、その実現を図ろうという個人的な欲求の充足要求です。

もっと進んでいくと、周囲で話されている言葉をそのまま真似て自分も同じように口にしていく、という段階になります。自分では意味がよく分からなくても、あるフレーズを口にすると周囲の人が喜んでくれる、笑ってくれる、ということを見てとって、それを人の前で繰り返し口にして周囲の反応をうかがうのです。この土台となっているのは、周囲の人から自分に目を向けて貰いたい、周囲の人との温かい交わりを持ちたい、という社交的な欲求の充足欲求です。

ここからさらに進んで、周囲で話されている言葉や自分が口にしている言葉を、自分の身に引きつけて理解しようとするようになります。何かの言葉が意味するところはどういうことなのだろうとこだわってみたり、こういう言い方はどういうことを意味しているのかと周囲の人に尋ねてみたりすることもあったりします。自分自身の欲求充足の道具としての言葉という域を超え、言葉が自分や周囲の様々なことを表現する、つまり「世界」の諸相を表現する何かもっと複雑なものであると感じるようになるのです。そうした形で言葉にこだわってみることによってはじめて、自分の認識しているところを自分に引き付けて吟味検討してみるようにもなるわけです。ここで土台となるのは、「自分自身の認識をきちんとした基盤を持つ確かな手応えのあるものにしたい」という「意味への欲求」と言ってよいでしょう。

このような場合に主要な基盤となるのが、自分の中に積み重ねられてきた多様な体験です。ある言葉を自分の体験してきたところと突き合わせてみて、これはこういう感じを表している、こういう気付きなり気持ちなりを表している、といった受け止め方をするようになるのです。これが可能になって初めて、自分の耳にしたり使ったりしている言葉が、自分自身にとって実感的な手応えを持つもの、確かな意味を持つものになるでしょう。

学校教育を通じての「言葉の力」の獲得と基盤作り

子どもが成長して学校に入ると、組織的計画的な形で「言葉の力」の育成を受けることになります。そして小学校高学年以降になると、つまり思春期から後の段階になると、言葉といっても具象的実感的な意味を持つものだけでなく、抽象的な概念や論理を中心としたものまでを操れるようになります。こうした具体操作から形式操作へと言葉の力が拡大し進展していく段階で大事になるのは、そこでの言葉を定義や論理といった点で吟味しながら用いるという姿勢と、それを可能にする能力でしょう。使用する言葉の要素と体系についての明晰判明な規準に関心を持ち、その具体を学んでいかねばならないのです。これはまさに、きちんと教育されなくては身に付かないものではないでしょうか。

こうした高次の段階になると、言葉の使用の土台となるものは現実の必要性というよりも、「自分自身の認識世界をきちんと整理整頓された高次なものにしたい」「自分自身の意識世界を豊かなイメージの充満した多彩なものにしたい」といった高い次元の知的欲求であると言っていいでしょう。こうした志向性の獲得もまた、基本的には学校での組織的な教育を通して可能になるのではないでしょうか。

学校では、このようにして、言葉の力そのものを育成し高度化させていくことが求められていますが、これと同時に、言葉の力を獲得していく上での基盤整備も考えていかなければなりません。子どもが言葉の力を獲得していく道筋においては、少なくとも以下に列挙するような基盤的条件が必要とされるのです。

まず第一は、言語環境の豊かさです。幼少の頃なら周囲の人達がきちんとした形で豊かな会話をしていること、子どもに対して機会あるごとに話し掛けることが重要な意味を持つでしょう。少し大きくなれば、自分自身の手の届くところに、本や図鑑、事典などが豊かに備えられていることも大事です。こうした形で音声言語の面でも文字言語の面でも豊かな言語環境が整えられていることが、学校においても、家庭においても、また地域においても求められるのではないでしょうか。

第二には、言葉を使いたくなる欲求や要求の開発です。言葉を使うのは、何よりもまず生理的なものを含めた個人的な欲求があるからですし、また認められたい交わりたいという社交的な欲求があるからです。これが欲しい、これがやりたいという個人的欲求が、さらには周囲の人との交わりを希求する社会的欲求が弱く薄いままでは、積極的に言葉を発しようとか言葉を交わし合おうという気持ちにはなりようがないでしょう。こうしたことは学校においても十分に留意していかなければならないと思います。

第三に、言葉を自分に引き付け意味ある形で用いていくようになるためには、何よりもまず個々の言葉と関連づけられる体験的基盤の豊かさが必要となります。実感的な土台のない口先だけの言葉を口にしたり書き付けたりして「それでよし」とする段階から抜け出すためには、子どもに様々な場や機会を与えて多様な体験をさせることが大切になります。そしてそれを口頭で、あるいは記述の形で表現させる（＝体験の経験化）ことをさせなくてはなりません。学校でも、この意味において多様な活動と体験の場を工夫し設定し、その振り返りと表現をさせることを、積極的に考えていかなくてはならないでしょう。

第四に、これと同時にですが、子どもの側に「自分なりに分かりたい」「自分にピンと来る形で理解したい」という「理解への欲求」「意味への要求」が旺盛になっていかなくてはなりません。何事もその場限りの表面的な言葉のつじつま合わせで済ますのでなく、自分に引き付けて考えた上で言葉を用いる自我関与的（エゴ・インボルビング）な姿勢を強めさせることが大切になります。自分自身の実感・納得・本音を大事にするという志向性を持つことを強調し続けて来たのも、このためです。

このように、教育においては言葉の力そのものを育てていく指導や活動の在り方が考えられなくてはなりませんが、同時に、言葉の力が十分に育ち、活用されるための土台となるものを培っていくことが考えられなくてはならないのです。

語彙の豊富さと言葉の確かな理解と

こうした形で言葉の力の育成を図っていく上で最も基底になるものは、知っている言葉の量が多いこと、知っている言葉が確かなものであることです。言葉の力そのものの基盤は、語彙の量と個々の言葉の意味を的確に理解していることなのです。

自分の知っている言葉の数が少なくては、文章を読み解く上でも、自分の思いや考えを表現する上でも、困ったことになります。他の人との伝え合いにしても、言葉の数が少なくては十分なことは不可能です。もっと根本的な点から言うと、知っている言葉の数が少なくては、状況をカテゴライズするための大事なレッテルが欠けていたり大ざっぱなものになったりするため、認識も思考も偏ったものになったり大ざっぱなものになったりせざるをえないのです。概念や記号も含め広義の言葉を数多く知っていなくては、言葉の力を十分な形で機能させることができないのです。

当然のことながら、言葉を数多く知っていたとしても、それぞれの言葉について好い加減な知り方でしかないのでは、困ったことになります。基本概念の理解がきちんとできていなくては、きちんとした理解も思考も不可能ですし、大事な記号の理解があやふやなままでは、特に理数系の学習の場合、きちんとした積み上げが望めないことになるのです。

ここで思い起こすのは、作家の三島由紀夫（注１）と禅思想家・哲学者の鈴木大拙（注２）

のエピソードです。

三島由紀夫は若い頃、暇さえあれば国語辞典を繰っていたそうです。いろいろなニュアンスを持つ言葉をできるだけ数多く知っておきたい、ということだったのでしょう。語彙の豊富さは、作家としての仕事の基本になるからです。

鈴木大拙は、晩年になっても毎日仕事に熱中していたと言われますが、人と対談してる最中でも、用語や概念に疑義が出てくると、次々と各種の辞書や事典を繙いて確かめ始めて、傍らに人が居るのを忘れてしまうほどであったといいます。緻密に考え表現していこうとするなら、用いる用語や概念の意味の把握そのものが厳密でなくてはなりません。禅の奥深い世界を、緻密な論理を用いて欧米を含め広範囲の知識人に理解してもらおうと努力を続けた思想家・哲学者の面目躍如というところでしょう。

言葉の量と確かさのために学校で具体的にやれる六つのこと

学校でも、子どもが様々な言葉に関心を持ち、できるだけ語彙を増やしていくと同時に、言葉それぞれについて正確な意味を知り、正しく使いこなせるようになることを考えていきたいものです。例えば、次のようなことをやってみては如何でしょうか。

(1)読書の奨励。このためにはまず、発達段階に応じ、個性に応じて、子どもが関心を持ちそうな多種多様な本を図書室や学級に準備することが必要となります。そして教師が面白そうな本について様々な機会に語ってやることも大切でしょう。また各自に読書ノートを作らせて簡単でいいから読後感を書かせ、それに教師が目を通してコメントしてやることも効果的です。

(2)辞書や事典類に親しむこと。これも各種のものを図書室や学級に常時揃えておくところから始まるでしょう。そして、授業の中で、できるだけ機会を作って辞書や事典で調べてみる活動をさせたいものです。学年が上がれば、インターネットを使って何かについて調べてみる活動も加えていく必要があるでしょう。

(3)大事な用語や記号・概念の念入りな学習。各教科の授業で、大事な用語や記号・概念が出てきた時には、正しい意味内容と適切な使用法についてきちんと指導することを心掛けるべきです。既習のものであっても、大事なものであるなら何度でも繰り返しこうした指導が必要でしょう。

(4)四文字熟語やことわざ・格言などの学習。人口に膾炙している熟語やことわざ・格言については、教科書に出てくるかどうかに関わりなく、事あるごとに取り上げて説明し、理解させることが必要となります。これらは後々までよく記憶に残り、それらを核にして言語世界が広がっていくことが期待されるのです。

(5)歳時記や著名な歌集、詩集などを用いた学習。学校や学級で、俳句や短歌、詩などを選択して、基本教材となる作品集を作成してもよいでしょう。こうした句や歌や詩に用いられている詩的言語は豊かなニュアンスを持ち、またドキッとするような直截な表現力を持っています。こうした面での言語空間の拡大もまた考えられなくてはならないでしょう。

⑹同意語・反意語・類語などのゲーム的学習。時々は、ゲーム的感覚で言語の世界を豊かにすることも考えてよいでしょう。同意語や反意語を挙げていったり、類縁のある言葉を次々と挙げていったりする活動です。子どもが興味を持って面白くやっている間に、自然に語彙が増えていくことになるのではないでしょうか。

注

（1）三島由紀夫（一九二五〜一九七〇）。本名は平岡公威。ノーベル文学賞候補にもなった小説家。後には政治活動も行い、最後は自分が育てた民兵組織「盾の会」のメンバー四人と東京市ケ谷の陸上自衛隊東部方面総監部を訪れて総監を拘束、幕僚らに切りつけた後、自衛隊に決起を促す演説をして割腹自殺する。主要作品に、『仮面の告白』『金閣寺』『潮騒』『サド侯爵夫人』など。

（2）鈴木大拙（一八七〇〜一九六六）。大拙は居士号。本名は貞太郎。数多くの著作を英文で著し、日本の禅文化を欧米に広く知らしめた仏教学者。文化勲章も受ける。『日本的霊性』『禅の思想』などはよく読まれた代表作である。

コラム

「読み・書き・計算」の反復練習を

「読み・書き・計算」といった道具的な基礎学力

世の中で生きていく上で最も基本的な最低限の知的な力を身に付けるために、「読み・書き・計算」の力の習得が多くの国で大事にされてきました。日本でも、戦国時代から江戸時代の末期まで庶民階層の子ども達の初等教育機関として普及した寺子屋では、「庭訓往来」「商売往来」「消息往来」など往来物と呼ばれる教科書を用いて手紙文を中心とした「読み・書き」を学び、算盤によって「計算」を学びました。ここで大事にされたのは、「必要で大事なこと」が「できる」ようになることでした。

何でもまず「意味を理解させる」ことを大事にする教師がいます。意味を十分に理解することのないまま何かを学ぶなど本当の学びではない、単なる「詰め込み」でしかない、という感覚なのでしょう。しかし、これは全くの勘違いと言わねばなりません。

例えば「あいうえお」といった平仮名を学ばせるのに、まずその成り立ちを話したり、漢字だけで日本語の音を写そうとした万葉集の時代にはどんな苦労があったのだろうかと考えさせたり、といった行き方です。算数で言えば、掛け算を学ばせるのに、掛け算の意味を加算との関わりで説明していったり、掛け算が生まれてきた経緯をまず説明して分からせたり、といった行き方でしょう。これはもちろん、ある適切な時期になったら行った方がいいし、是非とも行ってほしい学習です。しかし適切な時期というのは、平仮名がちゃんと読み書きできるようになってから、掛け算の計算がちゃんとできるようになってからです。導入の段階でなく、発展の段階においてということです。

ステップを踏んだ繰り返し練習の意義の再認識を

国語では、何よりもまず読むこと書くことをマスターさせなくてはなりません。早いうちに読み書き能力をきちんと身につけさせたいものです。寺子屋のように実用的に大事なモデル的文章を与え、どう読むかを教え、声を出して何度も読ませ、何度も書かせることが大切ではないでしょうか。モデル的な文章をスラスラと読め、スラスラと書けるようになってほしいのです。その上で、同程度の漢字や言葉遣いを使った文章を読ませてみたり、独自に小さな文章を作らせてみたり、といった応用・発展の段階に進んでいきたいものです。

算数なら、まず、計算技能を一歩一歩身に付けていくステップをきちんとやらなくてはならないでしょう。そして子どもの現実の計算能力を適確に捉え、当面の課題となる計算技能について、その実際のやり方を教え、その計算をさせてみなくてはならないでしょう。その計算ができるようになったら類題を与えて、早く正確に計算ができるよう練習させることが必要です。その上で、現実に近い場面で用いるような応用問題を与えて取り組ませ、もし分からないようなら考え方の筋道を教えて、実際に解答が出るところまでやらせなくてはなりません。この応用問題についても、スラスラ解けるようになるまで、類題を出して取り組ませることが必要となります。

これは、以前の小学校では、当たり前のこととしてやっていたことです。しかし残念なことに、現在ではこれをきちんとやっている学校は少なくなっているのではないでしょうか。間違った「子ども中心」の教育思想にかぶれた教師が増えたためもあるかもしれません。「ゆとり教育」が猛威を振るった時期に言われた「指導でなく支援を」という一面的で浅薄な授業観が、まだ払拭しきれていない学校が残っているからかもしれません。「確かな学力」を責任を持って一人ひとりの子どもの身に付けることが、学校の、そして教師の使命である、という古今東西を問わぬ鉄則を理解していない教師や管理職、教育委員会関係者が現に存在するからかもしれません。教育界全体の意識を責任ある正しい方向に転換していってほしいものです。

「道具的学力」の意義の再認識を

筋道を立てて順序よく学習していくステップを、はっきりとした形で設定することが大切になります。着実に一つひとつのステップに取り組ませ、習得習熟させていかなければならないのです。この際に「繰り返し」「反復練習」ということが、技能の習得習熟において基本となることを常に念頭に置くべきでしょう。運動技能においても認知技能においても、このことは同様です。一つの学習ステップの習得習熟が一応大丈夫、というところまでいったなら、その土台の上に応用的発展的な学習に進むことになるわけです。こうした形で、一つ一つのステップについて「読み書き」あるいは「計算」の力を着実につけていって初めて、さまざまな学習がきちんとした基盤を持つことになるでしょう。

問題に自分なりに取り組んで、さまざまに考えをめぐらし、広く資料を捜し、いろいろ試行して解答を見つける、といった真の追究探究の力をつけていくためにも、その基盤に「読み・書き・計算」といった「道具的学力」が着実に形成されている必要があります。そうでなくては、上辺だけの浅薄な「問題解決の力」「自力解決の力」になってしまうのです。こうした基本を常に念頭に置きたいものです。

第3章

体験から知識へ、知識から体験へ
——言葉に導かれて

学力の氷山モデル

学力と呼ばれるものの全体は、海面に浮かんだ氷山のようなものとして考えることができます（図2を参照）。外から確認できる「知識・理解」や「技能」などの見える学力が海面上にポッカリ姿を現しているわけですが、学力はそれだけのものでなく、海面下の見えにくいところに、見える学力を支えるものとして「関心・意欲・態度」や「思考力・表現力」「問題解決力」といった見えない学力が潜在しているわけです。海面の上に現れている部分と海面の下に隠れている部分とが一体になっていないと、「生きて働く」本当の学力となりません。「知識・理解・技能」は、外部から確認しやすいものですが、これらだけでは駄目なのです。それらは、もっと下部の「関心・意欲・態度」や「思考力・表現力」「問題解決力」に支えられ、さらには最も基盤となるその人なりの「人間性」が、その人自身の「体験」「実感」を伴って形成されていなくてはならないのです。

ここではこれらを次のような四つの層で総合的に想定しておくことにしましょう。

いちばん底辺にあるのが「体験」です。これで「実感」が形成されることになります。それらを基盤として「関心」が生じてきます。そしてこれが「意欲」にもなっていくわけです。その「関心」に支えられて、「追求」とか「探求」という活動が出てきます。それがその上の層の「思考力・表現力」や「問題解決力」になっていくわけです。

「理解する」「記憶する」などという活動がそれらを基盤に成立していくことになります。これが「知識・理解」や「技能」として外から見える学力とな

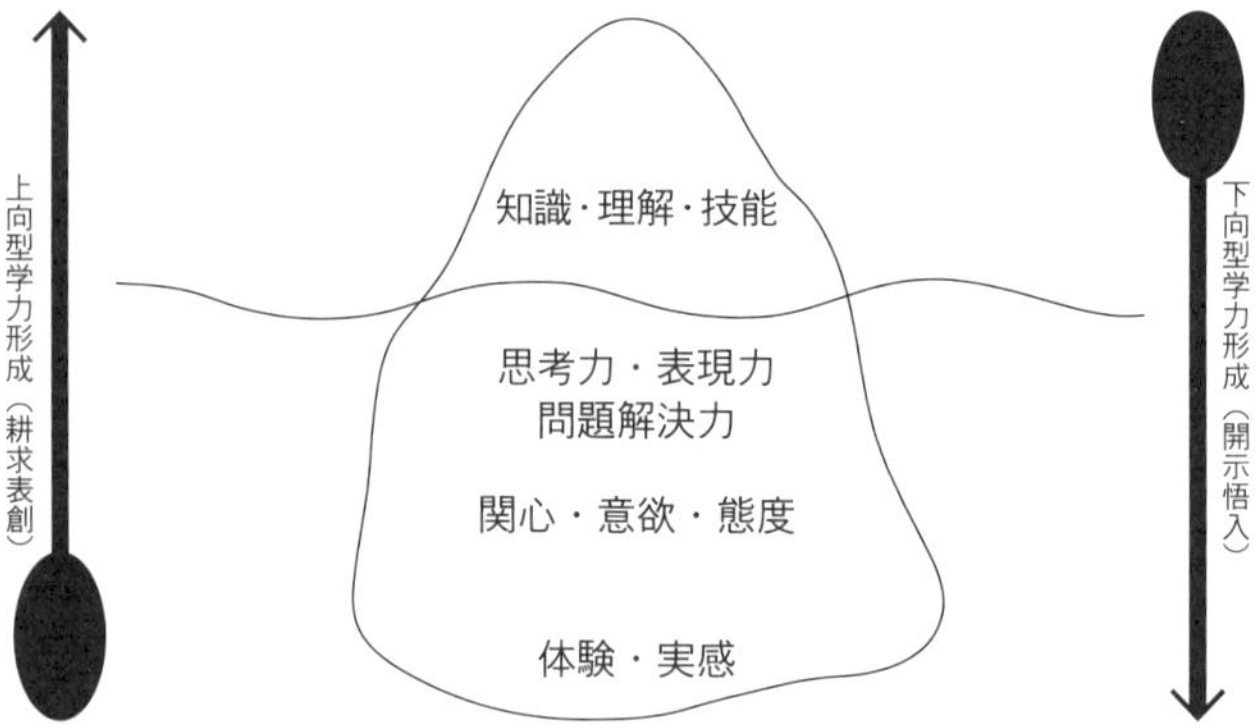

図2　〈確かな学力〉の構造と形成（学力の氷山モデル）

るわけです。

学力をこうした氷山モデルで考えるとするなら、大事なのは、下部から上部へ、上部から下部へという動きの双方を作っていくことでしょう。「這い回る」経験主義や困ったイベント主義の場合は、「体験」はあっても氷山の底辺の部分に止まったままになって、そこから上部へと上がっていかないのです。逆に詰め込みばかりで、いろいろ物を知っていくだけということもあります。これは氷山の見えている部分だけが肥大化し、「知識・理解」や「技能」は積み重なっていくのですが、それらを下支えする「思考力・表現力・問題解決能力」や「関心・意欲・態度」や「体験・実感」との間との連関の動きが見られないのです。

戦後新教育と呼ばれることもある昭和二〇年代の教育は、「体験」重視と詰め込み主義という二つの困った学力形成観の間を行き来していたようにも思えるのですが如何でしょうか。新教育の目玉となる「探求」活動はあったかもしれませんが、「思考力」に必ずしも結実しないままであり、さらには着実な形での「知識」「理解」の体系を形成することもなかったように思われます。そのことに気付いた学校では、昔ながらの詰め込み教育に陥り、見えないところの基盤を抜きにして「知識」「理解」の見掛け上の習得だけに走ったりしたのです。

ある活動をやる、それが体験となって「こだわり」や「関心」をもたらし、それによって「追求」「探求」が始まっていき、そこから大事なことの「気づき」が生じてほしいのです。その「気づき」を教師や仲間と練り上げていって、共有の「知識」が成立していってほしいのです。それが本来の探究学習や総合的な学習で狙うべき学力形成のあり方であることを忘れてはなりません。

反復練習が大事だ、ということも今一部で盛んに言われています。「理解」や「記憶」のためには、確かに反復練習は大事です。しかし反復練習だけでも駄目なのです。反復練習で「知識」が身につくと同時に、その「知識」の基盤となる新たな「探求」が始まったり、新たな「関心」が出てきたり、新たな「体験」が生じたり、という動きが出てこないといけないでしょう。これが欠けたままでは、物知りだけど何の役にも立たない人間を生んでしまうことになります。

こうした二つのタイプの困った学力形成の在り方に落ち込まないためにはどうするか。ここで大事になるのが言葉です。

「体験」から「知識」「技能」へと向かう上向的学力形成における言葉の働き

まず氷山の下部から上部へと学力形成が進んでいく際の言葉の働きは如何でしょう。例えば一つの「体験」をするとします。「体験」で得たものについては、当初は概念的に把握できません。体験は言葉で与えられる概念的カテゴリーを超えているからです。西田幾多郎が『善の研究』（注1）に述べている純粋体験など、その典型ではないでしょうか。「はっと何かに目を奪われた、よく目を凝らして見たら花だった、もっと目を凝らして見たら赤い花だった、もっと目を凝らして見たら赤い薔薇の花だった」。そこで得た未分化な概念的把握以前の印象が、「花」「赤い花」「赤い薔薇の花」と、言葉によって逐次的に言語化され、概念的に認識されていくわけです。もちろんその上に、「私はその朝、赤い薔薇の花を見て感激した」という主語・述語の形での認識が形成されるところまでいくかもしれません。このようにして、他の人にも伝えられる包括的な言語表現になっていくわけです。言葉による概念的把握以前の、「ハッ」「オッ」という感動体験、この時既に網膜には赤い薔薇の花が映っているわけですが、それがまだ言葉でカテゴライズされていない、未分化なまま整理されない状態となっているわけです。これが「純粋経験」と呼ばれる体験の生の形と考えてよいでしょう。

デカルトやパスカルの研究をした哲学者の森有正（注2）は、学位論文の最後の仕上げとしてデカルトやパスカルと同じような体験をし、同じような思索の跡をたどろうとしてフランスのパリに行きます。一年の予定での留学でしたが、結局彼は日本に帰ってこないままになりました。パリに居続け、後にいろんなエッセイ集を出して日本でも有名になりましたが、この森有正もまた「体験」と「言葉」にこだわった人です。

彼の場合は、西田幾多郎の「純粋経験」の代わりに「感覚の処女性」と言っています。まだ言葉になる前の感動や気づきがあって、彼はこれを「体験」と言っているのですが、それがどのように「経験」になるのかです。彼はこうした「体験の経験化」ということを繰り返し語っています。「体験の経験化」を支えるのが言葉なのです。「どこそこへ行って、いやあ感激した！」という「体験」を持ったとしましょう。しかし10年も経つと、そこでどういう感激があったのかという「体験」の内実はほぼ記憶が薄れてしまいます。何が目にとまって、そのとき何が頭にひらめいて、どういうこととの関連で、何との対比で、どのディテールに着目して、どういう感激があって、それで自分がどうしたという「体験」の内実を、できるだけ「体験」の現場に近いところで「言葉化」しておかないといけないのです。言葉化しておかないと、「体験」は「経験」にならないのです。

ある音楽を聴いて、「よかった！」という「純粋経験」だけでは、それだけのことでしかありません。「よかった！」の内実を振り返って再把握に努め、この音楽の何がどうよかったのか自己内対話を重ねて書き留めておく。それが「体験の経験化」になるのです。

いずれにせよ、氷山の下層にある「体験」から上のほうに向かって、抽象性や一般性のレベルを上げていくのに不可欠なのが言葉です。このための言葉の工夫が必要なのです。学校では、授業の際に、教師自身、こうした言葉の働きを大事にしないといけないでしょう。例えば発問という形で、子ども達にどのような揺さぶりを掛け、新たな視点を与え、こだわりを持たせていくか、工夫しないといけないのです。

今の子どもたちは、ごくわずかのボキャブラリーで済ませてしまうことがあります。「わあ！」とか「すごい！」とか、最近は「やばい！」という言葉を、何でもかんでも「心に何か強く感じた」場合に使うことがあります。しかし、「やばい！」といった感覚反応的な簡単な言語は、「体験」に一つの付箋を付けたようなものでしかないのです。これでは、「体験」が「経験」になるところまでいかないで、出発点で終わってしまうことになります。「やばい！」と口にした子どもに対して、「へえ、どういうふうにやばかったの？　どういう時にそうだったの？　他の人にも分かるように〝やばい〟と思ったことの中身を話してみてくれない？」と問いかけることで、初めて「体験」が「経験」になっていく道が開けていくのです。更に言えば、それに対して他の友達にも「どう思う？」と聞くことで、言葉としての吟味が進んでいって「経験」としてのレベルがどんどん高いものになっていくのです。

「知識」から「関心・意欲」や「体験」へと向かう下向的学力形成における言葉

もう一つ大事なのは、上から下へという動き、最初に「知識」を得て、その後自分で考えてみる、といった動きです。例えば、そのことを強調したのが、『新古今和歌集』の歌論を準備した鎌倉時代の歌人藤原俊成です（注３）。

『古今和歌集』の歌風に指導的な役割を果たした平安時代の歌人紀貫之は、こう言っています（注４）。「人がいろんなものと出会う。その出会いの中でいろいろと感動する。その感動を言の葉として結晶させたものが歌である」。非常に分かりやすい考え方です。

これに対して藤原俊成は逆のことを言うのです。「本当に感動するためには良い歌をたくさん知らなければいけない。知識的な背景がたくさんないと、感動そのものもきめ細かなものとして出てこない」と言うのです。

例えば桜の花を見た。紀貫之なら、「ああ、いいなあ」ということで、感じたことの中身をそのまま歌に詠めばいいわけです。しかし藤原俊成ならば、桜の花を見たときに自ずから桜の花についての歌がいろいろ頭に浮かばないとよい感動にはならない、と言うのです。例えば平安時代の歌人小野小町の「花の色は移りにけりないたづらに我が身世にふるながめせしまに」（注5）が頭の中に浮かぶとします。こんなに美しい満開の桜の花だけど、いつか色あせてしまうのだなぁ、私も今では色あせてしまったように、という感慨です。そのように、今盛りのものを見てもそれが衰退していく、そのはかなさに涙する、という感動の仕方もあるのです。しかし、それでは寂しすぎるではないか、という考え方もあるでしょう。例えば平安時代末期の歌人西行法師の「願わくば花のもとにて春死なむその如月の望月のころ」（注6）を頭に思い浮かべてもいいでしょう。どうせ死ぬのなら、満月煌煌と照る中で、桜の花が満開の下で死んでいこうじゃないか、という華やかな情景が浮かんでくるのではないでしょうか。明るいニヒリズムです。桜の花を見て、「満月だな、じゃあ今晩この下に来て、満開の桜の下で華やかに死んでいく自分を想定してみよう」ということです。「死後の目」を持つということでしょうか。自分が亡くなった後の想定で物事を見てみると、いろいろなものが違った形で見えてくるでしょう。

あるいは江戸時代の国学者本居宣長の「敷島の大和心を人問はば朝日に匂う桜花かな」の歌（注7）は如何でしょう。桜の花が盛り、山桜だから葉も一緒に出てきています。そこに淡い朝日が差して、調和した、明るくて素直で心豊かな気持ちになるというものです。桜の花を見ても、そういう感動の仕方もあるでしょう。

それぞれが、そのときの心境なり境涯なりとの関係で、同じものに出会っても異なった質の感動をしているのです。それを知っていれば、自分が今眼前の桜の花を見たとき、どれに近いかな、とこだわってみることができます。そうしたこだわりによって自分の感動を自己吟味していくことで、自分の感動の内実が徐々に深く見えてくるようになります。「他の優れた表現を借りながら、自分なりの体験を、自分なりの境地を、見つめ直してみることができる」と藤原俊成は言うわけです。

言葉がなければ感動できないこともあるのです。だからこそボキャブラリーは多ければ多い程よいということになるのです。知っている言葉が多ければ、同じような感動だと思っても微妙な違いが味わい分けられるようになるのです。

色の場合でもそうでしょう。単に青というだけでなく、何々ブルーと名づけられている色がたくさんあります。それを知って色合いの違いが分かると、今日私がピンときた青は何々ブルーの青だと分かります。ボキャブラリーが豊富ということは、物を見るときのカテゴリーがたくさん準備されているということです。それによって問題解決のあり方も変わってくれば、「こだわり」や「関心」の持ち方も変わり、「実感」のあり方まで変わってくるはずです。言葉を覚えるとは、単に知識を得るだけのことではないのです。古典に触れて古語と出会うということも、自分の実感を豊かな形で言語化する道具を新たに手に入れたことでもあるのです。

学力の下層から上層へ、上層から下層へという動きを教育活動を通じて何とか実現したいものです。例えば総合的な学習では、下層から上層へと向かう学力形成を考えなくてはなりません。これに対して社会科や理科では、基本的には上層から下層へ、という活動が大事になるでしょう。もちろん社会科や理科でも、調査する、実験する、観察する、という下層から上層へと向かわなくてはならない学習活動もあります。しかしながら、社会科は社会科学の成果を踏まえた教科であり、理科は自然科学の成果を踏まえた教科ですから、基本的には「これまでの研究では」と、最初に事実なり知識なりを与えないといけない場合が少なくありません。それをどういうふうにして学力の下層部分にまで降ろしていくか、学年段階の違いも考えながら工夫していかなければならないのです。

いずれにせよ、教科書や副読本をとりあえずこなしたらいい、ということではないのです。例えばこの単元では、こういう体験を持たせて、その体験に基づきこういう関心を持たせて、それをこういう追求、探求につなげていくという流れを毎時間の積み重ねのなかでやっていこう、といった単元計画が必要になるのです。またこれとは逆に、最初の時間にある事実なり知識なりを提示して、それにこだわりを持たせ、自分自身の体験と関連させて新しい関心を持たせる、意欲を持たせる。こうした流れを踏まえた単元計画を作らなければならない場合もあるでしょう。そういう単元の組み立てをきちんとやりながら、子どもに氷山の上の部分と下の部分が噛み合った全体的総合的な学力をつけていくのが、本当の教育ではないでしょうか。

注

（1）西田幾多郎（一八七〇～一九四五）。京都大学で独創的な思索を展開した哲学者。京都学派の創始者とも言われる。『自覚に於ける直感と反省』も広く読まれた。

（2）森有正（一九一一～一九七六）。東京大学助教授のおりに短期の予定でフランスに留学、しかし結局帰国せずフランスで生涯研究生活を送った哲学者。デカルトとパスカルの研究者であり、独自の思索を展開したエッセイは日本で広い読者を獲得した。

（3）藤原俊成（一一一四～一二〇四）は平安時代後期から鎌倉時代初期に生きた公家であり、歌人である。『千載和歌集』の撰者。歌論書に『古来風躰抄』（一一九七）がある。

（4）紀貫之（八七二～九四五）は平安時代前期から中期を生きた歌人。『古今和歌集』の選者の一人。三十六歌仙の一人にも数えられる。

（5）小野小町（八二五～九〇〇）は平安時代前期の女流歌人。絶世の美女として知られ、また三十六歌仙の一人にも数えられる。

（6）西行法師（一一一八～一一九〇）は平安時代末期から鎌倉時代初期を生きた人。鳥羽上皇の北面の武士を勤め、後に出家して僧侶となる。俗名は佐藤義清、僧名は円位。西行は号。歌人でもあり、小倉百人一首にも彼の歌がある。

（7）本居宣長（一七三〇〜一八〇一）は江戸時代の医師、文献学者。孔孟の学ではなく古事記など日本の古典をこそ重視すべきと説いた。荷田春満、賀茂真淵、平田篤胤と共に「国学の四大人」の一人とされる。代表作として『古事記伝』『玉勝間』など。

第4章 体験の経験化と言葉

体験の経験化とは

人は一個の有機体として、周囲の自然的社会的環境との間に不断の相互活動を行っています。その際、人は五感を通して、自分の身体の内外からの情報を絶え間なく受け取っています。これが体験するということです。

こうした体験は、当然のことながら、その大半は意識されないままの過程です。この体験のほんの一部が意識世界に上り、対象化概念化され、記憶として蓄積され、決定や行動を行う際にまた意識世界に上げられて吟味され参照されることになります。こうした過程が「体験の経験化」ということであり、体験についての認識が何らかの形で成立して以降の過程の全体を、経験という名で呼ぶことができるのではないでしょうか。この意味において、基本的に、体験は現在形で語られ、経験は過去形で語られることになるのです。

このように考えた場合、体験することが、その人自身に（主体としてのあり方に）どのような影響を持つのかです。この問題については、少なくとも次の三点から考えておかねばならないでしょう。

⑴体験は、まず直接的に、その人の「感性」（五感それぞれの土台となり、関心の持ち方の基盤となり、考えや判断の内的準拠枠となる）を徐々に形成し、変容させます。

⑵体験は、その経験化を通じて、また過去の経験の振り返りと再吟味によって、その人のそれまでの物の見方や考え方を吟味検討する材料と枠組みを提供します。

⑶特別の非日常的特異的な体験は、意識世界だけにとどまらず、深層世界にまで楔《くさび》として打ち込まれ、後々に至るまで大きな心理的影響を及ぼすことがあります。原体験と呼ばれているものの一部、またトラウマと呼ばれているもの等がそれです。

私自身が以前から、体験に「流れとしての体験」「イベントとしての体験」「楔としての体験」の三種を区別してきた（注1）のも、こうした見方と関わっています。

「流れとしての体験」は、一人ひとりに時々刻々生起している生《なま》の体験そのものです。先に⑴として挙げたように、こうした「流れとしての体験」がどのような内容のものであるかによって、その人の「感性」が、そして実感世界が、無意識のうちに不断に形成変容されていくことになります。雰囲気とか環境、生活習慣などが人間形成上大きな意義を持つのは、主としてこのためです。

「イベントとしての体験」とは、後になって一つのまとまったエピソードとして語られるような体験、言い換えるなら一つの「物語」としての経験化を引き起こすだろうと想定される体験です。「思い出」となる体験と言ってもよいでしょう。また「経験を蓄積していく」という言葉が示すような体験の多くはこれです。こうした体験のあり方は、主として先に⑵に挙げたところと関わっています。

「楔《くさび》としての体験」とは、大きな心理的衝撃を伴う体験です。これは何かその体験に関連したことが後に生じたり予想されたりする場合、すぐに強い感情と共に思い起こされ、心理的に大きく揺さぶられるような体験です。これは先に⑶に挙げたところと関わっています。

こうした多様な体験が、その人のものの感じ方や考え方、判断の仕方を変えていくわけです。普通は誰にも気付かれないほど徐々に変化が生じていますが、時には「変身」と形容したいほど突如に大きな変化として現われることもあります。

いずれにせよ、「体験の経験化」の過程の全体が意味するところは、人それぞれが自己に固有の世界を単独者として生きていくほかない、という基本的な個別性であり、実存性です。私が〈我の世界〉という言葉を用いて論じてきたところは、人それぞれの経験の持つこうした実存的特性と深く関わっています。

繰り返すようですが、もう一度考えてみることにしましょう。体験の流れの中でごく一部が「アッ何かが……」という未分化な形で意識されることがあります。これが西田幾多郎の言う「純粋体験」（注2）です。そこから「花だ」「バラの花だ」「赤いバラの花だ」と述語的な認識が成立していきます。そこに主語が添えられて「私が赤いバラの花を見ている」といった形の整った主語述語的認識が整備されていくわけです。この過程で「純粋経験」を表現するのに適切と思われる「言葉の選択と当て嵌《は》め」がなされるわけです。これは、その人に固有の体験・経験（我の世界）と社会の共有財産となっている言語体系（我々の世界）とのマッチングにほかなりません。禅宗で「冷暖自知」が強調されてきたように、体験・経験の属人性ということから言って、これは実際には相当荒っぽい作業と言ってよいでしょう。しかしこれをともかくもやっていかないと、社会を構成する各人が自己の体験・経験に根ざした言葉を用いてコミュニケーションをおこなうことが不可能になるのです。

多くの場合、そうした主語述語的認識と、関連する過去の感情や認識とが組み合わされて一つの「物語」としてまとめあげられることになります。そして、その「物語」に照らし合わせて眼前の問題をどう考えたらよいかが自問自答される、ということになっていくでしょう。この「物語」的な文脈に位置づける形での意味づけの過程もまた言語体系に、さらにはその背後に潜む文化体系に依存することは、あらためて言うまでもありません。

実感・納得・本音に根ざした言語の活用を

ところで、コミュニケーションの道具としての言葉には、自分の用いる言葉の背後に自分自身の体験・経験が必ずしも存在していない場合も考えられます。外から与えられた定義（約束事）を鵜呑みにして用いているだけの「軽い言葉」を使っている時などもそうです。「優等生的な」大人や子どもが「人間なら本当は～でなくてはならないと思います」とか、「こういうことは～のように考えるべきだと思います」と簡単に言い切ってしまう場面によく出くわしますが、こうした理想主義的でキレイゴトの言辞は、まさに「軽い言葉」の独り歩きでしかありません。自分の使う言葉と自分自身の体験・経験との間の対応関係にいささかも頓着しない姿勢ができてしまっているのです。これは真に主体的であることに目覚めていない姿、と言ってよいでしょう。

私がこれまで「自分自身の実感を基盤として自分なりの納得を目指し、自分の納得したところのみを自己の本音として大事にする」ことを繰り返し強調し、このことを自分自身に誠実であること、自分なりの主体性を持つことの必須の条件として挙げてきたのも、このことと深く関わっています。

さらに言えば、「学びの共同体でなく学びの主体性こそが大切」と言ってきたのも、言葉や学びの経験的裏づけの重要性を強調したかったからです。また、「他者とのコミュニケーションを考える前に自己とのコミュニケーションを」「他者との対話を重視する前に自己との対話を」と言ってきたのも、自分自身の体験・経験を眼前の問題との関わりにおいて吟味検討する自己内対話によって、自己の思考や決断が自分自身の経験に根ざした着実なものとなることを強調したかったからです。

言葉と体験の問題は、ここで見てきたところからも明らかなように、国語の時間で「しっかり音読しましょう」「主人公の気持ちをしっかり読み取りましょう」と強調するだけに留まるものではありませんし、総合的な学習の時間等を「皆がイキイキと目を輝かして活動するものにしましょう」と工夫すれば済むというものでもありません。「流れ」として、「イベント」として、「楔《くさび》」としての豊かな体験の場を準備していくと同時に、一人ひとりの内面世界で、その人に固有の体験がどう経験化されていくか、その過程に共有の文化体系を具現化したものとしての言葉がどう関わってくるか、という点からの工夫が必要となるはずです。さらには、一人ひとりの言動や生き方が、その人の体験に基づく実感と、それを基盤に言葉を用いて概念化された経験とにどこまで根ざしたものとなっていくかも考えられなくてはならないでしょう。

注

（1）例えば、梶田叡一『生き方の人間教育を——自己実現の力を育む』金子書房、一九九三、の第五章「学校でどのような体験をさせるか」を参照。

（2）西田幾多郎『善の研究』弘道館、一九一一（のちに岩波文庫、ワイド版岩波文庫などに収録）。

第5章

古典的な名句・名文の暗唱を

暗記・暗誦の意義の再認識を

暗記とか暗唱を蔑視し敵視する教育論が流行した時期があります。「何の役にも立たない知識や言葉を無理やり頭に詰め込んでどうするの?」と、多くの人がしたり顔で口にしていた時期もありました。「自分なりによく理解したことが自然に頭の中で記憶される、というのが学習の本筋ではないの?」と言われたりもしました。

こうした不幸な主張がまかり通ってきたためでしょうか、日本の学校教育では、現在でも優れた詩歌や文章、名句の暗記が疎かにされています。しかしながら、言葉の力が認識・思考・判断の力の基盤作りに関わることを考えるならば、暗記や暗誦の軽視なり無視なりは、とんでもない間違いということになります。この点の根本的な反省を欠いたままでは、子どもを本当に知的に育てていくことも、考え深い理性的な人間に成長させていくことも、困難ではないでしょうか。

飛鳥時代から明治の初め頃まで、日本の上層階層の子どもの必須の学習課題は、論語（注1）などの中国の古典を暗記・暗唱していくことでした。また、庶民の子どもでも、諺《ことわざ》や慣用的な文語体の句などを暗記・暗唱していくことは大事な学習課題でした。さらには、信心深い家庭では般若心経（注2）などを子どもに覚えさせ、必要な祈りの機会に親子でそれを唱えることもありました。それが現代では、いつの間にか暗記すること自体が悪いことであるかのようなイメージになっています。暗記＝詰め込み＝思考の拘束、といった誤った連想が働くからでしょうか。

イギリスやフランスやドイツなどヨーロッパ諸国では、伝統的に、優れた詩や文章の一節を暗記することが大事にされてきました。小学校の学芸会のような行事においては、有名な詩や文章の一節を朗々と暗唱して聞かせるパフォーマンスがプログラムによく見られます。大人になってからも、いろいろな詩人や哲人の言葉をそらで吟じてくれる知識人は、そう珍しくありません。

それにキリスト教国の場合、家庭や教会での教育では、意味が分からないままであっても、聖句や祈りをまずは覚えていくことが当然とされてきました。イスラム諸国なら、コーラン

（注3）を暗唱できるようになることは、現在においても子どもの誰もが取り組まなければならない必須の学習課題です。

暗記や暗唱は、子ども自身が関心を引かれたもの、大事だと思ったもの、意味が分かったものを覚えるということではありません。その社会の伝統・文化において知識人なら誰もが常に念頭に置いておくべきと考えられる重要な文化的成果を、子どもに教え込み、覚えさせるのです。覚えることは、少なくとも直接的には創意工夫とは関係しない、まさに反復練習です。しかも、覚えた意味がその時点で子どもに理解されているわけではありません。しかしながら、覚え込み、頭の中に記憶されたことが、徐々にその子どもにとって意味の理解できるものとなります。そして、その子どもの知的活動にとって重要な素材ともなり、表現に際しては理想のフォルムともなるのです。この意味において、暗記されたものは、その人の知的基盤となるもの、知的な基本財産と言ってよいものなのです。

考えるということは、頭の中に既に蓄えられている概念や知識を使っての自己内対話であり、反芻作業です。したがって、頭の中に概念や知識のストックが乏しいままでは、考えを廻らすことも展開させることも出来ません。スマホやパソコンなどを使ってその時その場で情報を検索し、当面の課題に当てはめて考えることは出来るかもしれませんが、何をどの範囲で検索するかという見当をつけることも、また得られた情報をどのように活用していくかということも、それまでに頭の中に形成されている概念地図に依存しているのです。つまり、当面の情報収集と活用も、そこでの課題意識の背景にある物の見方や考え方といった枠組み次第であって、これもまたそれまでに頭の中にストックされたものに依存しているのです。

このように考えるなら、幼少の頃から体系的に大事な言葉を覚えさせていくことが必須の教育課題となることは、明々白々ではないでしょうか。子どもの日常生活をいくら点検してみても、覚えさせておいた方がいい大事な「言葉」が自然に出てくることはないでしょう。したがって、ここは教える側の配慮と工夫が不可欠となるのです。その意味では国語の教科書などに大事な「言葉」を体系的に学習するよう編集上の工夫が是非とも欲しいものですし、また大事な「言葉」を覚えていくための優れた副読本なり資料集なりが作製されなくてはならないでしょう。今の段階では残念ながら必ずしも十分でありません。学校や地域の研究グループによる教材作りが不可欠ではないでしょうか。

「ことわざ」を覚えさせたい

例えば小学校では、古くから人々の間で常用されてきた「ことわざ」を取り上げて、子どもたちにその意味を教え、暗誦させることを、もっと積極的にやっていいでしょう。「ことわざ」は、人々の日常生活から得られた知恵を結晶化させたものです。

江戸時代中頃以降、特に大坂（大阪）、江戸（東京）、京（京都）の子どもの間には、「ことわざ」を用いた「いろはカルタ」が流行したといわれます。現代の小学校でもそうした例を子ども達に紹介して、今でも使えそうな「ことわざ」を覚えさせていってはどうでしょうか。参考のために以下に江戸時代の「いろはたとえ」を示しておくことにしましょう（注4）。

いろはたとえ

	大坂	江戸	京
い	一を聞いて十を知る	犬も歩けば棒にあたる	一寸先は闇
ろ	六十の三つ子	論より証拠	論語読みの論語知らず
は	花より団子	花より団子	針の穴から天井をのぞく
に	憎まれっ子神直し	憎まれっ子世にはばかる	二階から目薬
ほ	惚れたが因果	骨折損のくたびれ儲け	仏の顔も三度
へ	下手の長談義	屁ひって尻つぼめ	下手の長談義
と	遠い一家より近い隣	年寄りの冷や水	豆腐にかすがい
ち	地獄の沙汰も金次第	塵も積もれば山となる	地獄の沙汰も金次第
り	綸言汗のごとし	律儀者の子沢山	綸言汗のごとし
ぬ	盗人の昼寝	盗人の昼寝	糠に釘

る	類をもって集まる	瑠璃も玻璃も照せば光る	類をもって集まる
を	鬼の女房に鬼神	老いては子にしたがへ	鬼も十八
わ	若い時は二度ない	割鍋にとぢ蓋	笑う門には福きたる
か	かげ裏の豆もはじけ時	かったいの瘡怨み	蛙のつらに水
よ	よこ槌で庭を掃く	葭《よし》の瑞《ずゐ》から天井のぞく	夜目遠目傘のうち
た	大食上戸の餅食ひ	旅は道づれ世は情け	立板に水
れ	連木で腹を切る	良薬は口に苦し	連木で腹を切る
そ	袖ふりあふも他生の縁	惣領の甚六	袖ふりあふも他生の縁
つ	爪に火をともす	月夜に釜をぬく	月夜に釜をぬく
ね	寝耳に水	念には念を入れ	猫に小判
な	習はぬ経は読めぬ	泣面に蜂	なす時の閻魔顔
ら	楽して楽知らず	楽あれば苦あり	来年の事を言へば鬼が笑ふ
む	無芸大食	無理が通れば道理引っ込む	馬の耳に風
う	牛を馬にする	嘘から出た誠	氏より育ち
ゐ	炒豆に花が咲く	芋の煮えたの御存知ないか	鰯の頭も信心から
の	野良の節句働き	咽元過ぎれば熱さ忘るる	鑿といへば小槌

お	陰陽師身上知らず	鬼に金棒	負ふた子に教えられて浅瀬を渡る
く	果報は寝て待て	臭い物には蓋をする	臭い物には蠅がたかる
や	闇に鉄砲	安物買ひの銭失ひ	暗夜に鉄砲
ま	待てば甘露の日和あり	負けるは勝ち	播かぬ種は生えぬ
け	下戸の建てた蔵はない	芸は身を助ける	下駄に焼味噌
ふ	武士は喰はねど高楊枝	文はやりたし書く手は持たぬ	武士は喰わねど高楊枝
こ	志は松の葉	子は三界の首っかせ	これに懲りよ道斎坊
え	閻魔の色事	えてに帆を上げ	縁の下の力持ち
て	天道人を殺さず	亭主の好きな赤烏帽子	寺から里へ
あ	阿呆につける薬がない	頭かくして尻かくさず	足の下から鳥が立つ
さ	さはらぬ神に祟なし	三遍まわって煙草にしょ	竿のさきに鈴
き	義理とふんどし	聞いて極楽見て地獄	義理とふんどしかかねばならぬ
ゆ	油断大敵	油断大敵	幽霊の浜風
め	目の上の瘤	目の上のたん瘤	目くらの垣のぞき
み	身うちが古み	身から出た錆	身は身で通る裸ん坊
し	尻食への観音	知らぬが仏	しはん坊の柿の種

ゐ	ひ	も	せ	す	京
縁の下の力持ち	貧相の重ね食ひ	桃栗三年柿八年	背戸の馬も相口	墨に染まれば黒くなる	(京なし)
縁は異なもの味なもの	貧乏ひまなし	門前の小僧習はぬ経を読む	背に腹はかへられぬ	粋は身を食ふ	京の夢大阪の夢
縁と月日	瓢箪から駒	餅屋は餅屋	聖は道によりて賢し	雀百まで踊忘れず	京に田舎あり

　昔の「ことわざ」には、差別的意味を含むとして現在では用いられない言葉が用いられている場合があるので、十分な注意が必要です。また、御覧頂ければ分かるように、「六十の三つ子」とか「憎まれっ子神直し」とか「えてに帆を上げ」等々のように、時代状況が変わってしまって、今の子どもには全く意味の分からぬ言葉や覚えておいても仕方のない「ことわざ」も含まれています。このため、学校で選別する、言葉づかいを一部改めることも必要となるでしょう。ここで示したような古い「ことわざ」を参考にしつつ、子ども達に自分達なりの「ことわざ」を作らせたり、また教師の側で新たに「ことわざ」を作ってみたりしてもいいと思います。

　こうした形で、今の子ども達に伝統的な「ことわざ」を教えていく際、「論より証拠」「塵も積もれば山となる」「喉元過ぎれば熱さ忘れる」「油断大敵」「笑う門に福来る」など、大事な教訓を含んだ「ことわざ」については、とりわけ大事にしていきたいものです。そうした教訓的な「ことわざ」のはらむ意味を、子ども達の発達段階に応じた形で説明し、理解させたいものです。

なお、こうした言葉を教えていく場合、それがどのような漢字で表現されているかも大切です。したがって仮名に開きすぎることなく、学年配当にない漢字にはルビをふる、などという表現の仕方を考えるべきではないでしょうか。その学年では書けなくていいけれども、どのような漢字をどのように読むかについては早くから知っておいた方がいいからです。書ける漢字と読める漢字とを区別して扱うことは、今の学習指導要領でも原則となっている点です。

百人一首の秀歌を暗誦させたい

小学校も高学年になると、文語なり古語なりに少しずつ慣らしていく必要があります。その最適な入門教材は百人一首ではないでしょうか。現代でも親しまれている形になったのは室町時代と言われていますが、江戸時代になってからは国学者の間で我が国の古典の入門書とされてきました。若い女性の間にも広く愛好されたと言われています。現在でも少なからぬ家庭で、お正月に百人一首を楽しむのではないでしょうか。

小学校の四・五年生になったら、例えば以下に挙げるような百人一首の名歌くらいは覚えておいて、お正月に家族の大人達より優位に立つこともあってよいでしょう。もちろん、お正月といった特別な時期でなくても、時には口にして唱えてみて、名歌らしい言葉のリズム感を味わってみるのもいいでしょう。

春すぎて夏きにけらし白妙《しろたへ》の衣《ころも》ほすてふ天のかぐ山　［持統天皇］
田子の浦にうち出でて見れば白妙の富士の高嶺に雪はふりつつ　［山部赤人］
奥山に紅葉ふみわけ鳴く鹿の声きく時ぞ秋はかなしき　［猿丸太夫］
天の原ふりさけ見れば春日なる三笠の山に出でし月かも　［安倍仲麻呂］
花の色はうつりにけりないたづらに我が身世にふるながめせしまに　［小野小町］
もろともにあはれと思へ山桜花より外にしる人もなし　［前大僧正行尊］
忍ぶれど色に出でにけり我が恋は物や思ふと人の問ふまで　［平兼盛］
逢見ての後の心にくらぶれば昔は物を思はざりけり　［権中納言敦忠］
天つ風雲のかよひぢ吹きとぢよをとめの姿しばしとどめむ　［僧正遍昭］
忘らるる身をば思はずちかひてし人の命のをしくもあるかな　［右近］
花さそふ嵐の庭の雪ならでふりゆくものはわが身なりけり　［入道前太政大臣］
人はいさ心もしらずふるさとは花ぞ昔の香に匂ひける　［紀貫之］

孔子などの残した言葉も味わわせ覚えさせたい

小学校から中学、高校と知的な発達段階が上がっていくと、知的巨人たちの残した言葉を少しずつ覚えさせていくことも積極的に考えるべきでしょう。例えば孔子とその弟子達の残した『論語』から、次のような言葉くらいは、順次暗記させていってよいのではないでしょうか（注5）。

学びて時にこれを習ふ、亦《ま》た説《よろこ》ばしからずや。朋《とも》あり、遠方より来たる、亦た楽しからずや。人知らずして慍《うら》みず、亦《ま》た君子《くんし》ならずや。（巻第一　学而第一）

［意味］学んでは適当な時期におさらいをする、いかにも心嬉しいことだね。友達が遠くから訪ねて来る、いかにも楽しいことだね。人が自分のことをわかってくれなくても気にしない、いかにも君子だね。

巧言令色《こうげんれいしょく》、鮮《すく》なし仁。（巻第一　学而第一）

［意味］言葉上手で顔よしでは、ほとんど無いものだよ、仁の徳は。

吾《わ》れ日に三《み》たび吾が身《み》を省《かえりみ》る。人の為めに謀《はか》りて忠《ちゅう》ならざるか、朋友と交わりて信ならざるか、習わざるを伝うるか。（巻第一　学而第一）

［意味］私は一日に三回は自分のことを反省してみる。人のためにしてあげたことが真心に

欠ける点があったのではないか、友達との交際において誠実さに欠ける点があったのではないか、自分でおさらいして腑に落ちていないことを人に教えたりしたのではないか。

其の以《な》す所を視《み》、其の由《よ》る所を観《み》、其の安んずる所を察すれば、人焉《いずく》んぞ廋さんや、人焉んぞ廋さんや。（巻第一　為政第二）

［意味］その人の振る舞いを視、その人の経歴を観察し、その人の落ち着きどころを調べてみれば、その人の本当の人柄をどうして隠すことができるのだろうか。

子、四《よ》つを以て教う。文、行、忠、信。（巻第四　述而第七）

［意味］先生は四つのことを通じて教えられた。文章と実践と誠実さと信義である。

子、四を絶《た》つ。意なく、必《ひつ》なく、固《こ》なく、我《が》なし。（巻第五　子罕第九）

［意味］先生は四つのことをしないように心がけられた。勝手な心を持たず、無理おしをせず、執着をせず、我を張らない。

人にして遠き慮《おもんぱか》り無ければ、必らず近き憂い有り。（巻第八　衛霊公第十五）

［意味］先々までの配慮がなければ、きっと身近な心配事が生じるものだ。

過《あやま》ちて改めざる、是れを過ちと謂う。（巻第八　衛霊公第十五）

［意味］過ちをしても改めない、これを本当の過ちというのだ。

博《ひろ》く学びて篤《あつ》く志し、切《せつ》に問いて近く思う、仁其の中《うち》に在り。（巻第十　子張第十九）

［意味］広く学んで志を固くし、心からの問いを発して身近なところで考えるなら、仁の徳

はそこに自《おのずか》ら育つものである。

文化的伝統としてどのような古典教材を考えるか

さらに進んで、我が国の伝統的な文化の優れた所産を学んでいくためには、古典と称される作品を教科書に順次取り上げ、全ての子どもが必修するようにしていかなければならないでしょう。

例えば小学校国語の教材として、すぐに思いつくだけでも、『枕草子』や『方丈記』、『梁塵《りょうじん》秘抄《ひしょう》』に載せられた今様《いまよう》、江戸時代の『おくの細道』や『南総里見八犬伝』、そして狂歌や川柳など、さらには明治に入ってからの島崎藤村や森鷗外、夏目漱石などの作品を取り上げたいものです。中学や高校に行けば、これに加えて、『万葉集』『古今集』『新古今集』の秀歌を、また『懐風藻《かいふうそう》』『凌雲集《りょううんしゅう》』『文華秀麗集《ぶんかしゅうれいしゅう》』などの漢詩を、そして『源氏物語』や『平家物語』『太平記』などを、さらには江戸時代の、中江藤樹、熊沢蕃山、本居宣長などといった思想家の著作を、教科書や副読本に収録すべきではないでしょうか。

伝統・文化には、芸能などのように、確固とした具体物の形では表現されない無形のものも少なくありませんが、その精神なり本質的在りようを言葉によって表現する（ロゴス化の）努力はなされてきています。能楽の精神とその修業の在り方について世阿弥が著した『風姿花伝』にしても、千利休の茶湯の精神を弟子の山上宗二が茶器名物の鑑賞の仕方まで含めて説いた『山上宗二記』にしても、その良い例でしょう。

また、宗教思想については親鸞の言葉を弟子の唯円《ゆいえん》が書きつけた『歎異抄《たんにしょう》』、道元の言葉を随従の弟子であり後継者となった懐弉《えじょう》が筆録した『正法眼蔵随聞記』を、時代は下がりますが武士道精神を具体的な形で説く山本定朝《じょうちょう》の語録『葉隠《はがくれ》』なども、古典として取り上げたいものです。

もちろん、日本の伝統・文化について真正面から説いた書物も大切にしなくてはなりません。『古事記』や『日本書紀』、『出雲国風土記』などに始まって、北畠親房《ちかふさ》の『神皇正統記』、水戸光圀《みつくに》が編纂に着手した『大日本史』等々へと続いていく流れです。こうした古典についても、堅苦しく思って忌避しないで、順次取り組んでいくことが必要ではないでしょうか。

こうした典型的な古典に加えて、教師が自ら選んだ名歌・名詩・名文なども少しずつ暗記・暗誦させていきたいものです。言葉が平明で、子どもの心に響き易い歌や詩や文章が望ましいでしょう。これは各教師にとって自分自身の感性と願いの具体的な形での表明となるのではないでしょうか。子どもや保護者の側からも、教師自身の内面に触れることのできるもの、個人的親しみが感じられるものとして歓迎されるでしょう。

注

（1）『論語』は、紀元前六～五世紀、中国の春秋時代を生きた思想家である孔子とその高弟の言動を、孔子の死後に弟子達がまとめたもの。中国を中心とした広大な儒教文化圏で基本的な古典として大事にされ、学びが続けられてきた。

（2）「コーラン（クルアーン）」は、イスラム教の聖典である。預言者ムハンマドに対して神から示された啓示を弟子達がまとめたもの。アラビア語で書かれ、イスラム教の人達は、これをそのまま暗唱する。また礼拝などの際には節を付けて美しく朗誦される。

（3）「般若心経」は、正式には「摩訶般若波羅蜜多心経」。三百文字ほどの短いお経の中に大乗仏教の「空」の思想を凝縮させて説いたもの。我が国の仏教各派では様々な機会に唱えられる。インドで、仏教が密教化していった五～六世紀頃に成立したのでは、と推測されている。

（4）小高吉三郎「いろはかるた」『世界大百科事典2』平凡社、一九七二より。

（5）それぞれの句に添えた現代語による意味づけは、『論語』岩波文庫、一九九九の金谷治による訳注を参考にしてのものである。

第6章

文学作品との出会い

子ども達は、文学作品と様々な機会に出会いを持ちます。国語の教科書に載っている文学教材と出会い、教師が折に触れて紹介する文学作品と出会い、学校の図書室や街の図書館等で諸々の文学作品と出会うでしょう。時には家庭でも児童文学を初め様々な文学作品の載った本を買って貰うことがあるかもしれません。こうした出会いを通じて、うまくいけば日本や海外で定評のある物語や小説、詩歌、あるいは既に古典となっている作品の世界に触れ、時には引き込まれ、自分なりに味わい、感動したり、自分なりのイメージの世界を膨らませていったりすることになります。

文学作品との出合いによって、自分自身を取り巻く現実の世界を乗り超えた広大な世界に引き入れられることが可能になります。これによって、一人ひとりの子どもの内面世界が大きく広げられ、深められていくことになります。また文学作品に刺激されて、自分でも詩を書き、俳句や短歌を創り、物語や小説を書いてみようと挑戦する子も出て来るかもしれません。そういう子は自分なりのイメージの世界を羽ばたかせ、作品として結晶させていくことを通じて、自分自身の心を躍動させる何かを見つけ、育てていって、一定の形に表現する力を獲得していくことになるでしょう。

文学作品に魅せられるきっかけ作りを

ここでまず、何をもって特定の言語表現を文学作品と呼ぶのかについて、少し考えておくことにしたいと思います。

文学作品とは、小説や詩などと呼ばれる表現形式のものに必ずしも限定されるわけでありません。文学作品はどのような言語表現でもいいのですが、読む者の心を惹きつけてやまないという特徴を持っていなくてはなりません。我慢して読み続けなくてはならないものは、文学作品とは言えないのです。そこに記述されている世界に魅せられ、引き込まれてしまう力を持っているからこそ文学なのです。だから個人の日記とか覚え書き、公的な記録とか報告とか史書などの中にも、文学作品と言ってよいものがあるのです。

読む者を一つの世界に引き入れ感動を与える文学的文章と、読む者に一定の何かを伝達することを目的とした論理的文章とを便宜上分けて扱うのはよいとしても、本質的には両者の区別がつかない場合があることを常に念頭に置く必要があります。イギリスの首相を務めた政治家チャーチルが書いた回顧録『第二次世界大戦』が、一九五三年にノーベル文学賞を授与された（優れた文学作品として認められた）ことも、このことの証左となるのではないでしょうか。

このように考えてくるならば、文学作品との有意義な出会いを成立させるためには、子どもがその作品に好意を持ち、その魅力に気付く、という情意的な土台を持つようになることが不可欠の前提になるでしょう。このためには、周囲の親や教師などが、ある特定の文学作品と自分がどう出会い、どのような感動を得たかを語っていくことも大事ではないでしょうか。作品の魅力は必ずしも客観的に一定したものでなく、読む人との出会いの仕方によって大きく変わってくるからです。

ここで思い起こすのは、私の中学三年生の時の学級担任で、また国語の授業も担当しておられた平木啓先生のことです。平木先生は島崎藤村（注1）が大好きでした。朝の学級活動や終わりの学級活動の時間に、よく『破戒』や『夜明け前』について熱っぽく語られたのを覚えています。時には朝早く教室に来られ、黒板一杯に「まだあげ初めし前髪の／林檎のもとに見えしとき／前にさしたる花櫛の／花ある君と思ひけり……」（「初恋」）とか、「くろかみながく／やはらかき／をんなごころを／たれかしる／をとこのかたる／ことのはを／まこととおもふ／ことなかれ……」（「おきく」）等の詩を書きつけておられました。そういう日の朝の学級活動の時間では、平木先生はその詩をめぐって、涙を流さんばかりに自分の思いを語られるのが常でした。今から思えば、平木先生の持っておられた非常にロマンチックで純情な情緒の世界が島崎藤村の作品によって揺さぶられ、増幅され、生徒達を前にそれを語らざるを得なくしていたということだったのでしょうか。いずれにせよ、我々クラスの者は平木先生の島崎藤村熱に多大な影響を受け、島崎藤村の作品にそれぞれなりに親しんだことを懐かしく思い出します。私自身も「小諸なる古城のほとり」や「初恋」を暗唱し、「朝はふたたびこゝにあり／朝はわれらと共にあり／埋もれよ眠行けよ夢／隠れよさらば小夜嵐……」（「朝」）などの歌を愛唱したものです。

小学校に入ってすぐの時期、一・二年生の時の学級担任だった手島金子先生は、もっと控え目な形で自分の児童文学作品に対する愛好の思いを、我々に伝えてくださいました。これもまた懐かしい思い出です。手島先生は、自分のポケットマネーで教室に学級文庫を作ってくださっており、そこに当時の岩波少年文庫の本などが沢山並べられていました。そして、その学級文庫から何を借りようかと迷っている時など、手島先生は「この本は先生も読んでみてとても面白かったよ」と何かの本を手に取って推薦して下さるのが常でした。そういう中で私も『ふたりのロッテ』とか『小さい牛追い』などを借りて読んだものです（注2）。その上で手島先生は、読んだ本については必ず感想をノートに書いて先生のところに持ってくるように、とおっしゃっていました。そして、我々の拙い感想文に丁寧に目を通しては赤字で励ましの言葉を書いて返してくださるのが常でした。今から思えば、こうした古典的な指導法も、子ども達を文学作品の世界に誘っていく上で非常に大切ではないかと思われてなりません。

三つの水準の〈言葉の力〉を

さて、文学作品との出会いの具体的内容を決めていくのは、当然のことながら、子ども一人ひとりの持つ言葉の力です。何よりもまず、当面する文学作品で用いられている言葉が理解できなくてはなりません。個々の単語の意味を知っていなくてはなりませんし、単語を綴り合わせて一定の意味内容を表現している文法が分かっていなくてはなりません。慣用的表現にも習熟していることが望ましいでしょう。その言語が通用する世界で共有されている言語使用に関する基本的な約束事が理解できていなくてはならないのです。これは我々が「第一水準の言葉の力」と呼んできたものです。

論理的文章と文学的文章とが、対比的に語られることが少なくありません。国語教育においては、一九七〇年前後から論理的文章が重視されるようになり、教科書にも説明文・報告文・評論文・報道文などが教材として取り上げられることが増加した、と言われます。しかしながら、ここで言う「第一水準の言葉の力」は、どのような種類の文章であろうと、最も基底的な土台となるものです。どのような種類の文章であろうと、まずもって適切妥当な読解がなくては、どうにもならないのです。

きちんと読み取れているかどうかを問うこと無しに、すぐ全員に「初発の感想」を発表させ、誤読や意味の取り違えがあっても頓着せず、子どもが口にした感想をめぐって子ども達同士で話し合いをさせる、といった乱暴な授業を何度も見たことがあります。とんでもないことと言ってよいでしょう。

さて、文学作品の場合、言語表現されているところを文字通りに理解していくという読解の上に立って、その作品の論理的な構造と、それによって表現されているテーマが、読み取れなくてはなりません。

これまで国語の授業では、一つの文学教材を小段落に分けてそれぞれ読み取り、小段落同士の関係を考え、全体としてどのようなテーマがそこに表現されているかを考えさせる、といった活動がよく見られましたが、これなどもこうした期待に応えようというものでしょう。更に最近になって、こうした小段落分析的アプローチでなく、作品全体を丸ごと読み、その作品の全体構成を自分なりに構造化して捉え、作品全体を貫くテーマを探っていこうという「丸読み」的アプローチも見られます。いずれにせよ、これは我々が「第二水準の言葉の力」と呼んできたものに関わるものです。心理学的に言うと、収束的思考の能力に深く関係した言葉の力と考えてよいのではないでしょうか。

ここでは、「行間を読む」とか「余白を読む」と言われることがあるように、表現されている言葉を手がかりとして推理を進め、表面上は隠れている事柄相互の関係性を見てとることも大切な作業となります。

さらにこの上に、文学作品との真の出会いを持つためには、もう一段高い力が必要とされると言っていいでしょう。文学作品は、一定の意味内容を伝達するというコミュニケーション機能以上の心理的機能を持つからです。感動を与え、新たなイメージを引き出し、展開させ、あるいは読む者の心を癒し、さらに新たに一定の感情や意志を触発し、等々といった機能です。具体的には、作品に用いられているメタファーやレトリックを読み取る力であり、作品に含まれる具体的な表現から、場面から、エピソードから、自分なりの思いや空想をどこまでも広げていけるというイマジネーションの力です。文学作品を読むことの醍醐味はまさにここにあり、ここまで行くからこそ面白いのではないでしょうか。

こうした「第三水準の言葉の力」は、心理学的に言うと、拡散的思考の能力に深く関係したものと考えてよいでしょう。

テキストの世界・作者の世界・読者の世界

ここで挙げた三つの水準の「言葉の力」については、後の第8章でまた詳しくふれますが、ここでは、文学作品と真の出会いを持つことの意味するところについても少し考えたいと思います。端的に言えば、一つの文学作品と出会うのは、作品として言語表現されている世界に参入していくことなのか、それともその作品を通して作者が訴えたいことを理解し受け止めることなのか、あるいはその作品が読む側に与える感動を自分なりに味わい、自分の側からも新たなイメージ世界の展開を試みていくことなのか、ということです。

ここで思い起こすのは、私が大学生の時に出会ったフランス文学者・文芸評論家の桑原武夫先生(注3)の語られていたところです。心理学講座所属の学生であった私は、桑原先生の仏文学の演習にも潜り込んでいたのですが、その折のテキストがモーリス・ブランショの『文学空間』(注4)でした。一九六二年のことですし、仏文学の演習ですからフランス語の原書のまま使用されていました。この演習の折に桑原先生が、文学作品を読む場合「テキストの空間」と「作者の空間」と「読者の空間」を区別して考えなくてはならないと繰り返し強調して話されたのを鮮明に記憶しています。後になってモーリス・ブランショの『文学空間』の翻訳を読んでみましたが、桑原先生の強調されているところに対応する記述は見当たらなかったことを思えば、あれは桑原先生自身のお考えであったのだろうと思います。いずれにせよ、この三つの「文学空間」を区別して考えることが、私にも極めて重要であると思われるのです。

「テキストの世界(文学空間)」を読み取ることは、最も土台になることです。文学作品と出会うためには、何よりもまず、先に挙げた「第一水準の言葉の力」と「第二水準の言葉の力」を総動員して、テキストそのものの読解に努めなくてはなりません。これを疎かにするならば、結局のところ誤読に導かれる他なく、その作品自体との出会いはそもそも成立しないことになります。そのために、「作品の基本構造を理解する」「作品の主題に迫る」といった読解の活動が重視されてきたわけです。

こうした基盤の上に立って、「作者（書き手）の世界（文学空間）」を考えることになるわけです。作者はこの作品によって何を表現しようとしているのかです。このため時には、作者がその作品を書いた時代や社会の習俗や慣行、常識などについても知らなくてはならないことになるでしょう。「源氏物語」（注5）を理解するためには、当時の朝廷を取り巻く貴族文化について知らないままでは、紫式部が光源氏の言行を通じて何を表現しようとしているのか見当がつかないことになるわけです。近くで言えば石原慎太郎（注6）の「太陽の季節」についても、発表された一九五五年（昭和三〇年）当時の日本社会の全体的な状況、つまり太平洋戦争の敗戦による国全体の破壊と疲弊、そして人々の間に広がった飢餓と自信喪失から一〇年してやっと回復しつつあった時期に、恵まれた家庭の一部の青年達が示し始めた自信回復と積極的な自我拡張的言動ということが理解されなくては、この作品の主人公が示す様々な言動やエピソードについて、それが当時の日本社会の各層に与えた衝撃について、十分に理解することは不可能でしょう。

また、作者自身がどんな関心やこだわりをもってこの作品を書いたのかも考えてみなくてはなりません。このための手掛かりとして、その作品にどのような言葉が多用されているかを問うこともあります。植物に関する言葉が多いのか、動物に関するものなのか、それとも動植物に関する言葉は殆ど現れなくて人の感情や関係についての言葉が多用されているのか等々を問題にするわけです。同じように、どのようなエピソードが度々現れるのかを問題にしてみることもあります。これによって書き手の持つ基本的な関心のあり方、内面世界の彩りのあり方を、ある程度までうかがい知ることができるのではないでしょうか。

さらには、テキストの書き直しなどがなされている場合、当初のものと改定されたものとの比較を通じて作者の関心やこだわりの在り方が如実に明るみに出てくることもあります。典型的なのは宮沢賢治(注7)の作品でしょう。賢治は自分の書いた童話や詩を亡くなるまで何度も書き直しています。だから国語の教科書によく取り上げられてきた散文詩「やまなし」にしても、いくつものバージョンが存在します。私の見たある授業では、教科書に載っているバージョンとその一つ前のバージョンとを対比的にプリントした資料を子どもに与え、どの言葉が新たに加わったのか、どの言葉が後で削除されているのか、表現が変えられた部分は後先でどのような違いがあるのかを書き出させ、そこから賢治のこの作品にかける思いを考えさせる活動がありました。これなどは、書き手の世界を窺い知るのに非常に優れた方法ではないでしょうか。

これに加えて、読み手の側の世界を重視する活動も大切にしなくてはなりません。自分の場合この作品のどこで感動し、どこに特別な感銘を受けたのであろうかを問題にしてみるのです。感動や感銘を受ける場所は、一人ひとりで必ずしも同じではありませんし、また唯一の「正解」があるわけでもありません。読む側の関心やこだわり、その土台となる体験の個人史が大きく関ってくるのです。だからこそ、同じ作品が好きになって一生懸命に読んだとしても、読後に表出される感想の中身はそれぞれで異なってこざるをえないのです。指導する側は、読後の感想が自分の持つ感想とかなり食い違っていたとしても、暖かくそれを受容してやらなくてはなりませんし、他の人達と異なった感想を自信を持って口にしたり文章にしたりするよう励ましてやらなくてはならないのです。文学作品との出会いは、この部分が最後の勝負所となるのではないでしょうか。

こうした読み手の側の世界が深まっていく一助として、作品の主人公など登場人物の「思い」を想像させてみる活動も有益でしょう。登場人物と自分とを同一視し、登場人物の言行を追体験する中で、自分自身と作品との独自の個人的関りが深められていくことが考えられるからです。

また、「作品の続きを自分なりに考え、綴っていって御覧」といった指示を与え、その作品の続編を自分なりに展開させる活動も、読み手の側の受け止めを深め広げていく上で有効なものではないでしょうか。こうした活動は、読み手から書き手に転換させていくことを通じ、自分自身で作品を生み出していく力を育てていくことにも繋がっていくでしょう。

ここに述べてきた「テキストの世界」「書き手の世界」「読み手の世界」への焦点づけを考え

た作品との出会い方について、誤解が無いようにしていただきたいのは、実際の作品との出会いを必ずこの順番に行うべきである、と言っているわけではないということです。通常は何らかの意味で「読者の世界」に焦点が当たった出会いがまず最初にあるでしょうし、そこから「作者の世界」に関心が移っていったり、表現上微妙な点について「テキストの世界」にこだわった検討が必要になったりするのではないかと思われます。しかしながら、一つの作品との出会いには、何らかの固定した関心の移り変りの順序があるわけではないのです。

とはいえ、文学作品との出会いは、最終的には「読者（読み手）の世界」に立ち返らなくてはならないことを最後に念を押しておきたいと思います。もしも伝達を主たる目的とした論理的文章との出会いと、ここで述べてきた文学的文章との出会いとの間に本質的な違いがあるとするならば、文学的文章との出会いの場合には最終的な着地点が個々人の内面にある、という点でしょう。

本当の「言葉の力」を育てるためには国語の教科書から文学教材を排除しなくてはならないという強い主張があります。何かの文学作品を読ませて、「登場人物の思いを考えてみよう」とか「この文章を読んで自分なりに思ったことを自由に書いたり話したりしてみよう」といったことをさせても、自分勝手な読みを助長するだけで、本当の「言葉の力」を育てるためには有害無益であるという考え方です。それよりは、様々なタイプの論理的文章を国語教科書に載せ、きちんとその述べられているところの意味を理解させていくことが必要ではないか、またそうした論理的文章を範として自分でも論理的に書いたり話したりできる力をつけていく活動をこそやるべきではないか、というわけです。

こうした主張にも確かに一理あるでしょうが、自分自身の小中高校で受けてきた長年月にわたる国語の授業を振り返ってみると、面白かった場面、印象に残っている場面は、ほとんど文学教材に関係したものでした。率直に言って、文学作品との出会いのない国語の授業なんて、どう考えても魅力のあるものとは言えないようにも思われます。

結論的に言えば、文学教材を用いた国語の授業は、論理的文章を用いた授業よりも遥かに高次の「言葉の力」を養うものです。もちろん、その過程には、各地の学校の授業で往々にして見られたように、幾多の落とし穴が潜んでいます。その多くは、豊かな「創り手の世界」や「読み手の世界」のことに教師の気持ちが行き過ぎて、その基盤となる「テキストの世界」を疎かにしてしまうことのように思われますが、如何でしょうか。

注

（1）島崎藤村（一八七二〜一九四三）は長野県出身で明治後期から昭和初期にかけて活躍したロマン派詩人、自然主義小説家。詩集『若菜集』、小説『破戒』『夜明け前』などが有名。「初恋」「おきく」は『若菜集』「朝」は『落梅集』に収められた詩。

（2）『ふたりのロッテ』はドイツの詩人・小説家エーリッヒ・ケストナーが一九四九年に発表した児童文学。『小さい牛追い』はマリー・ハムズンがノルウェーの田舎での牛追いの子どもの生活を題材に書いた児童小説。

（3）桑原武夫（一九〇四～一九八八）はフランス文学者、評論家。京都大学人文科学研究所所長を勤め、京都大学名誉教授。文化勲章や勲一等瑞宝章、フランスからはレジオンドヌール勲章を受賞。『第二芸術論――現代日本文化の反省』（一九四七）、『文学入門』（一九五〇）など。

（4）モーリス・ブランショ（一九〇七～二〇〇三）はフランスの哲学者、文芸批評家。一九五五年刊行の『文学空間』の邦訳は、粟津則雄と出口裕弘の共訳で、一九六二年現代思潮社から刊行されている。

（5）「源氏物語」は、平安時代中期に生きた紫式部（生没年不明／三十六歌仙の一人とされる歌人であり物語作家）の創作。光源氏を主人公とする世界最古の長編恋愛小説。

（6）石原慎太郎（一九三二～二〇二二）は、一橋大学在学中に「太陽の季節」で芥川賞を得た小説家、後に俳優や衆議院議員、東京都知事なども勤める。弟は人気俳優の石原裕次郎である。死後に自伝『「私」という男の生涯』（幻冬舎）が刊行された。

（7）宮沢賢治（一八九六～一九三三）は詩人、童話作家。法華経信仰と農民生活に根ざす独特な創作世界を繰り広げた。「銀河鉄道の夜」「注文の多い料理店」などの物語を、また「雨ニモマケズ」「永訣の朝」などの詩を残した。

コラム

最短最小の定型詩「狂俳」

「狂俳」とは何か

「狂俳」をこれまでに見たり聞いたりした人はそう多くないのでは、と思います。「題（テーマ）」に対して「五・七」か「七・五」で句を作る、という文芸です。俳句が「五・七・五」で最も短く小さな定型詩と呼ばれることがありますが、それよりもっと短く小さな定型詩です。

この「狂俳」には、明示的あるいは暗黙の約束事があって、例えば、

●題を句の中に直接的な形で読み込んではいけない、
●体言止めでなく動詞で句を終える、
●文語体でなく口語体で、
●単なる説明にならないよう工夫して、

等ということになっています。

こうした「狂俳」は、今から二五〇年ほど前の安永二年、江戸時代中期の俳人・三浦樗良《ちょら》が岐阜に滞在し、後の狂俳第一世・細味庵（桑原藤蔵）に指導したのが始まり、と伝えられています。現在は細味庵と八仙斎の二宗家を中心に、岐阜県を中心として約五〇の結社が活動しています。

岐阜市立岐阜中央中学校は二〇一六年一一月と一二月に第十一世八仙斎加藤宗家と岩田理事

を講師に招いて、この「狂俳」の勉強会を始めました。また二〇一七年二月には岐阜小学校区の有志三〇名余による「狂俳岐阜中社《なかしゃ》」が発足して作句活動を始めました。このように最近になっての活動再興が顕著です。学校で組織的に取り組み始めたところも、岐阜中央中学校のほかに、岐阜市立の藍川東中学校、岐阜小学校、藍川小学校、芥見小学校、厚見小学校などと拡がっています。

こうした中で二〇一八年一二月二一日と二二日、岐阜市立中央図書館が入っているメディアコスモスを会場に「狂俳顕彰行灯まつり」が開かれました。私も記念講演の講師として招かれ、両宗家の御当主や岐阜中社会長（この行事の実行委員長）ら関係の方々と懇談する機会を持つことができました。この会で一般の部と小中学生の部の優秀作の発表と表彰も行われました。私の印象に残ったのは、例えば次のようなものです（カッコ内は作者）。

一般の部では、
［朧夜］　墨絵ぼかしの　金華浮く　（井藤恵月）

小中学生の部では、
［なかよし］　こころをこめて　話聞く　（小２後藤ひなた）
［花火］　願いと希望　空に舞う　（小６吉眞さくら）

会場には一五〇基の行灯が置かれ、一つの行灯に一句、計一五〇句が掲げられていました。私の目には、以下のものなど幾つかの作品が強く焼きついています。

［お正月］　お年玉　妻にも渡す
［恋］　地平線に　愛叫ぶ

［お客］　　玄関に　しつけがそろう

「縮み」の文化、「凝縮」の文化の問題

周知のように、万葉集には柿本人麻呂のものなど優れた長歌がいくつか納められています。長歌とは「五・七・五・七・五・七……」と続け、最後を「七・七」で結ぶ和歌の形式です。こうした長歌には、最後に反歌として「五・七・五・七・七」の短歌が添えられることもあります。この反歌の部分が現在では独立し、和歌と言えば短歌のことを指すことも少なくありません。また、鎌倉、室町時代に大成された連歌は、まず「五・七・五」の発句に始まり、続けて「七・五」を二人以上の掛け合いの形で連ねていき、最後を「七・七」で締め括る形式ですが、この発句「五・七・五」の部分が独立したものが俳句と言われます。こうした短歌や俳句の出現と普及の流れの中で、更なる短縮化による凝縮が図られた表現形式が「狂俳」と言っていいのではないでしょうか。

ここで思い起こすのが、かつて韓国の初代文化部長官を務めた文学者・李御寧（イ・オリョン）が主張し、日本で大きな反響を呼んだ「日本文化の本質は〝縮み〟志向にある」という見方です（『「縮み」志向の日本人』学生社、一九八二年／後に講談社学術文庫に）。実は、彼の本が日本で出版され、論議を巻き起こす何年も前、一九七六年か一九七七年に、私は彼のソウルの自宅に招かれ、夕食を共にしながら日本人の「縮み」志向という彼の論について議論を交したことがあります。彼はその時は梨花女子大学の教授で、文芸評論家として活躍しておられま

した。文化部長官に就任される少し前のことです。

この語らいの折に彼の出してきた例が、日本人の盆栽好きと俳句好きであったことを懐かしく思い出します。この折の彼は、必ずしも日本人のこうした嗜好に対して好意的ではなかったように思います。なぜ素晴らしい大自然をそのまま楽しむことをしないで、盆栽といった形で狭い盤上に大自然を凝縮、再現してみようとするのか、という批判的見方です。また、俳句といった短縮した詩型ばかりを偏愛するから日本人は雄大な叙事詩を持たない民族になるのだ、という意見も痛烈でした。これに対し私の方からは、日本人は盆栽好きであると同時に実物の雄大な富士山とその周辺の風景をそのままの形で楽しんできたこと、俳句という本質凝視的な詩的表現を好むと同時に、古くから散文の形で長編の古事記や源氏物語、平家物語などを好み語り伝えてきたこと、等々と反論した覚えがあります。

いずれにせよ、狂俳は日本的な志向性の一つの行き着いた形と言ってよいでしょう。同様な志向を示すものとして、明治の終わりから大正、昭和初期にかけて出現した自由律俳句のことが思い起こされます。「五・七・五」の枠を取っ払った俳句です。例えば、尾崎放哉の「咳をしても一人」「こんなよい月を一人で見て寝る」、種田山頭火の「分け入っても分け入っても青い山」「おちついて死ねそうな草萌ゆる」といった句です。

事象を濃縮した形で表現して、本当に大事なところに絞り込んで深く味わう、という根本的な美意識が、短歌を生み、俳句を生み、狂俳を生み、自由律俳句を生んできたのではないでしょうか。そこにあるのは単なる「縮み」でなく、二義的なものを切り捨て本質的な一点へと焦点を絞り込んでいく本質凝視の営みです。日本の伝統文化を、こうした視点から更に吟味し、深く味わっていく必要があるのではないでしょうか。

第7章 確かな読み取りで豊かな受け止めを

論理的な確かな言葉と多彩なイメージに導く豊かな言葉と

言葉の力には、本質的な点で相異なる二種類の側面があります。言葉の持つ確かな表現と受け止めの力が問われる場合と、言葉の持つ多彩で豊かなイメージを触発する力が問われる場合との二つです。確かな言葉の力と豊かな言葉の力と言ってもいいでしょう。

言葉の確かさとは、個々の言葉の概念的な定義の明確性と、言葉相互の間の論理的な関係性が問題になる場合です。ここでは分析的な姿勢で言葉を用い、論理を組み立てていく収束的思考を働かせることが重視されることになります。概念と論理を大事にした言葉の働きが問題となる場合と言っていいでしょう。

これに対して、言葉の豊かさとは、感性や想像力を重視し、直感的な姿勢で言葉を用いて、連想なり拡散的思考なりを働かせようとする場合のものです。文学的な言語、詩歌の言語、メタファーの言葉として考えられる場合がこれです。

多様な現象を的確な形で概念化し、深く広く認識していくことも、それを他の人に伝達していくことも言葉の力にまたなくてはなりません。どのような学習においても言葉の力が基盤となっているわけです。こうした場合における言葉の力は基本的に概念と論理の言葉と言っていいでしょう。テキストにある言葉からきちんとした情報を得て整理し、的確に意味内容を読み取ること、自分の考えを誰にでも共通の意味内容を持つ形に表現し伝達できることが、とりわけ大事になります。これまでの国語教育では、主として論理的文章や実用文の指導として取り組まれてきた領域になるでしょう。このような言葉の力を教育していく際には、一義的に定まる言葉表現のあり方が問題とされ、それを的確に読み取る力と書き表す力の育成が、また音声言語を用いたコミニュケーションの場合には的確に聞き取る力と言い表す力の育成が、目標とされることになります。

しかし、これからの教育において、そうした言葉の力だけを考えていけばいいのでしょうか。人文科学や自然科学、社会科学などの学習の基盤となるのは「確かな言葉の力」であるにしても、教育を総体として考えた場合、言葉の確かさだけを課題とすればいいのでしょうか。正確な概念ときちんとした論理を重視し、一義的に定まる言語表現を基本とするだけの「言葉の力」を教育していくべきなのでしょうか。

先にも述べたように、概念的論理的な「確かな言葉の力」と、感性的でイマジネーション的な「豊かな言葉の力」とは、分けて考えた方がいいのではないでしょうか。実用的あるいは科学的な事象を記述し読解する力と、書く人や話す人の心象世界を深いところで表わし伝達しようとするような言語表現を受け止め理解する力とでは、根本的にと言っていいほど異なっているからです。

読解するにしても、論理的で「確かな言葉の力」を中心に考える場合、基本的には［書き手の意味世界］＝［テキストの意味世界］＝［読み手の意味世界］とならなければなりません。しかしながら、イマジネーション的で「豊かな言葉の力」を中心に考える場合、［書き手の意味世界］が多様な形で［テキストの世界］として表現され、そこからまた多様多彩な［読み手の意味世界］が現出してくることを考えておかなくてはならないはずです。こうした基本的な仕分けを考えた上で、言葉の概念や論理の面とメタファーやイメージの面とをどのように組み合わせて学んでいけばいいか、よくよく考えていかなければならないでしょう。

芭蕉の俳句の豊かな言葉の世界を味わうために

詩的言語は「豊かな言葉」の典型であり、実務的言語は概念と論理の「確かな言葉」の典型です。しかし、詩や短歌・俳句などを鑑賞する場合であっても、言葉のイメージ的な面、連想的な面ばかりに初めから着目するのではどうにもならないのです。基本的にはどちらの「言葉の力」をも駆使して思考し、表現し、読解しなくてはならないでしょう。例え詩的言語の世界についてでも、言葉の「豊かさ」だけでなく、「確かさ」を土台とした読解が不可欠となるのです。

例えば、芭蕉の句として次のような有名なものがあります（注1）。

古池や蛙飛びこむ水の音

この句は多くの人によって、「古い池があって、その池にカエルが飛びこんで、ポチャン（ドボンでもピッシャンでもいいが）という水の音がした」という情景を詠んだものと受け止められてきました。たしかに直感的にこの句の意味を読み取るならば、そういう受け止めになる場合も少なくないでしょう。しかし、この句の読み取りについて、もっとイメージを膨らまして、「水の音がした、カエルが飛びこんだ音なのだろうか、水音のしみじみとした感じから頭の中に古寂びた池の様子が、私の脳裏に一つのイメージとして浮かび上がった」という句として受け止めることもできるのです（注2）。

芭蕉の弟子である支考が述べるところによれば（注3）、芭蕉がまず始めに「蛙飛びこむ水の音」という下の句を作り、その前に何を付けるか弟子の其角と問答したというのです。其角は「山吹や」を提案したとされていますが、これは「蛙」と言えば「山吹」という古来の和歌における伝統的な連想の仕方が土台になっています。しかし芭蕉はそれを取らないで、「古池や」という独創的なイメージを置いたというのです。

支考の述べることを基礎として考えるとすれば、この句は、言葉の順序と時間的経過の順序を逆にして読み取らなくてはならないことになるでしょう。後半の「蛙飛びこむ水の音」こそが作者にとっての現実であるのに対し、前に置かれた「古池や」は、その現実によって触発されたイメージです。ここで「や」という切れ字に注目すべきだ、ということになるのです。これによって芭蕉の句が単なる情景描写ではなく、外的現実が内的イメージを触発したという心の世界の開けを表現した深いものになっていることになるのです。

こうした読解のあり方に接する時、詩的世界の理解も時には感性でなく論理によって、直感的にだけでなく分析的に進めなくてはならない、ということになるのではないでしょうか。

もちろん文学作品を読む場合、初発の感想は大切です。しかしそれがそのままであっては作品の世界に深く参画していくことができません。初発の感想に誤読が含まれている場合もあるでしょうし、表層的な受け止めに終ってしまっている場合もあるでしょう。先に紹介した芭蕉の句の読解の場合のように、根本的な地点に立って真の読み深めの方向に導かれる必要があるのです。

このためには作品についての評論や研究など関連した文章に目を通すことも大事でしょう。また作品をテキストに即して論理的分析的に吟味検討していくことも必要となるでしょう。確かな読み取りの上に立って豊かなイマジネーションの展開を図ることが文学の本来の醍醐味ではないでしょうか。

では、次の芭蕉の句をどう解釈したらいいのでしょう。応用問題として考えてみていただきたいと思います。

かれ朶《えだ》に烏のとまりけり秋の暮れ

ちなみに、この句について、「オヤ、枯れ枝に烏が止まっている、秋の暮れなんだなあ！」といった単純な読み取り方は、論理的に言っても間違いであると言われています。切れ字である「けり」の意味をきちんと受け止めていないから、そうした平板な情景描写としてしか受け止めることができないことになるというのです。本当は、「あ、秋の暮れだ！　そういえば枯れ枝に烏が一羽止まっているなぁ」というのがこの句の意味するところになるとされます。これもまた、言葉の順序を「けり」によって逆転させてイメージ展開を捉えるという〈確かな〉言葉の面への着目が土台になくてはならないことの例証となるでしょう。

「テキストの意味空間」の〈確かな〉読み取りを土台として、〈豊かな〉「書き手の意味空間」

「読み手の意味空間」に参入していく、という順序性がここでも大事な意味を持つように思うのですが、如何でしょうか。

島崎藤村の「初恋」を味わう

詩歌の鑑賞についても同様です。前の章でも述べましたように、私が中学生だった頃、学級担任で国語担当教師でもあった平木啓先生は島崎藤村の詩が大好きで、黒板に毎日一つずつ藤村の詩を選んで書きつけ、時にその解説をされていました。そうした中で、今でも私自身の記憶に深く残り、時に口ずさみたくなる詩の一つが、「初恋」です（注4）。

まだあげ初めし前髪の
林檎のもとに見えしとき
前にさしたる花櫛の
花ある君と思ひけり

やさしく白き手をのべて
林檎をわれにあたへしは

薄紅の秋の実に
人こひ初めしはじめなり

わがこゝろなきためいきの
その髪の毛にかゝるとき
たのしき恋の盃を
君が情に酌みしかな

林檎畑の樹の下に
おのづからなる細道は
誰が踏みそめしかたみぞと
問ひたまふこそこひしけれ

古典的で格調の高いこの作品は、現代詩と違い、やさしい言葉で構成されています。しかし、やはりきちんとした読み取りがないままで、始めから「林檎の花」の醸し出す青春の情感に浸ってしまうわけにいきません。特に今の中学生高校生には、文語的な言い回しに慣れを持って貰うことも必要となるでしょう。いずれにせよ、きちんと各行の言葉の意味を読み取った上で、それぞれの言葉が孕むイメージと情感に十分に我が身を浸し、各連を全体として、さらには四連からなるこの作品を全体として、味わっていかなくてはならないでしょう。
島崎藤村のこの古典的な作品を味わいながらも、言葉の〈確かさ〉と〈豊かさ〉の問題について、いろいろと考えてみることができるのではないでしょうか。

注

（1）松尾芭蕉（一六四四～一六九四）は江戸時代前期に活躍した俳諧師。伊賀国上野（現在の三重県伊賀市）の出身で京都で俳諧を修業、江戸で活動する。後に俳聖とも言われる。一六八九年春から夏にかけての旅で詠んだ句を中心とした『奥の細道』が特に有名。「古池や」の句は一六八六年春の芭蕉庵での発句会で詠まれたもの。
（2）この解釈と以下の論考は、長谷川櫂『古池に蛙は飛びこんだか』花神社、二〇〇五に示唆されてのもの。
（3）各務支考《かがみしこう》（一六六五～一七三一）は蕉門十哲の一人。美濃派の中心人物。この記述は『葛の松原』（一六九二年刊）にある。
（4）島崎藤村の処女詩集『若菜集』（一八九七年）に収められた詩。

コラム

言葉の表の意味と裏の意味と

日本語によるコミュニケーションに潜む「裏」の意味

日本語によるコミュニケーションや思考には、元々二種類のものがあることを確認しておくことが必要でしょう。日本語には「表の意味＝論理的なもの」と「裏の意味＝〝察し〟等で把握するもの」があるのです。とりわけ〝察し〟とか〝忖度〟と言われてきたような、婉曲で断片的な情報から何かを推察して行動するコミュニケーションの仕方＝「裏の意味」の推測的感受に依拠した意味伝達、についてよく分かっていなくては、日本社会では人との交際が微妙なところでおかしくならざるをえないのです。

「京のぶぶ漬け」と言われてきた話など、その典型的な事例ではないでしょうか。京都の古風な家庭にお邪魔したような際に、「ぶぶ漬け（お茶漬け）でも食べていってください」と言われたら、「ありがとうございます。でも、これからちょっと寄らなくてはいけないところがありますので」と帰り支度をしなくてはならないのです。「お言葉に甘えまして」とそのまま簡単な食事でも頂いたりしたら、「空気の読めない人」という烙印を押されかねないという意味でもあります。今ではもうそんなことはないという声もありますが、京都を初めとする古くからの街では、現在においてもなお言葉の表面の意味だけで受け取っては相手の真の意図を理解できないことが少なくありません。こうした現実は、日本社会で生きていく上で大前提としなくてはならないでしょう。

そうした面倒な「裏の意味」まで考えなくてもいいではないかという声もありそうですが、それは「相手の気持ちを些かも傷つけることなく相互に真の意図を伝え合う文化伝統上の約束事」を理解しない、まさに朴念仁《ぼくねんじん》ということになるでしょう。『源氏物語』のような古典作品から近現代の小説の多くに至るまで、読者に要所要所でこうした「裏の意味」を「察し」によって読解し鑑賞せざるをえない文学作品が少なくないことも、頭に置いておきたいものです。短歌や俳句や物語等々を含め日本の伝統的な文芸を深く味わうには、「表の意味」だけでは無理と言っていいのです。

このように考えるならば、日本語を用いる際の「表」と「裏」の両面を十分に理解し、それぞれについての力を身につけ、時に応じて使い分けることができなくては、日本語による多彩なコミュニケーションや思考が十分にはできない、ということになります。例えば今話題の人工頭脳がなお一層発達し、自動翻訳等の機能が高度化していくにつれ、日本語の「論理的な面」だけが扱われることになり、当面の仕事には非常に役立つにしても、日本人としての豊かな感性や情緒を扱う面、言葉の持つ多義的な面が切り捨てられがちになるのでは、という危惧の形でクローズアップされることもあります。もちろん、現代の人工知能研究は、ディープラーニングの手法などを用いて、日本語の単語の多義的な用法や文法的関係の柔軟で多面的な展開までも考慮に入れた学習機能を工夫していることから言って、将来的には日本語の情緒的であいまいな「裏の意味」に関わる面をもかなりの程度まで扱えるようになるでしょうが。

表と裏の両面からの論理的思考を育てたい

以前、「雪が解けたら何になるのか」という問いに対して、「水」と答えるのでは詰まらない、「春」と答えるような感性が欲しい、という主張が見られたことがあります。私に言わせれば、これはどっちもどっちです。氷・水・水蒸気といった三態変化という文脈では「水」と答えるべきですし、春・夏・秋・冬という季節の変化という文脈では「春」と答えたらいいのです。大事なのは、どういう文脈の下に、つまり何を根拠に答えを導き出したかが明確でなくてはならない、ということです。これは、言葉の「表の意味」を大切にしたもの、論理を中心とした言葉の力に関わるところです。

これに対して、一九六〇年代、当時の米国とソ連の二大強国の間の一触即発の緊張関係がほぐれてくる中で、「雪解け」という言葉が盛んに使われました。この場合、「雪が解けたら何になるのか」という問いに対しては、「平和」という答えが返ってくることになります。これは論理的な意味伝達というより、情感に基づく連想に依拠した意味伝達であり、その意味でコミュニケーションの「裏」の面にかかわるものと言っていいでしょう。

言葉には、特に日本語にはこうした両面が顕著に存在するとはいえ、「表の面」＝「論理的な面」についての指導が従来の国語教育では弱かったのではないか、これをこれからは抜本的に強化していくべきではないかという指摘は重要です。これは、日本の国語教育が文芸的な教材を多用し、「主人公の気持ちは?」といったことを問うだけで、その教材を通じてクリティカルな思考力や論理的な力がどのように身についていくかという意識のないままの国語授業になりがちであった、という批判にも関係する点です。欧米の国語教育（母国語教育）がまさに論理や思考の力の育成を中心に展開されてきたことを考えると、日本の従来の国語教育の在り方には、これと性格を異にする点が少なからずあったことを認識し、今こそその根本的是正を図るべき時期であると言っていいのではないでしょうか。

第8章

「読み」「書き」の力を3つの水準で

学びの基盤としての言葉の力

確かな学力を身につけていくためには、学習の基盤となる言葉の力が、不可欠の重要性を持ちます。言葉は、単にコミュニケーションの道具というだけでなく、学習活動を支える認識や思考や判断の道具でもあるからです。そして言葉は、他者との間の対話を可能にするだけでなく、自分自身との間の対話をも可能にします。だからこそ、言葉を上手く使いこなす力が、人の社会生活のためばかりでなく学習のためにも、また人間的な成長のためにも、必須の重要性を持つのです。

このためもあって、言葉の力を育てるための言語活動が、学校教育において強調されています。しかしながら、言語活動という語の意味を表面的にのみ受け止め、言葉を使った活動なら何でもいいかのような解説や実践も少なくありません。例えば「授業中に話し合い活動が盛り上がっている」から「優れた言語活動の実践」であるとするような短絡的見方です。しかしながら「話したいことを話すだけ」なら、あるいは「相手の言うことにじっと耳を傾けることなく、その一言半句に反応して自分も負けじと何かを主張するだけ」なら、言葉の力を育てる言語活動とはとても言えないのです。

話し合い活動も確かに重要な言語活動の一つですが、うまく互いにコミュニケートしているというだけでは、言葉の力の育成には必ずしも大きく役立つものとなりません。音声言語でのコミュニケーション、つまり話し合い活動では、その場で交される言葉以上に、表情や態度、身ぶりや口調等々が相手に大事な何かを伝えていることが多いのです。まさに「目は口ほどに物を言い」ということがあるのです。

話し合い活動を通じて言葉の力を育成するためには、少なくとも、他の人の言うことに耳を傾け、その言わんとするところを的確に聞き取ろうとする傾聴の態度と能力が育つように指導しなくてはならないでしょう。これと同時に、自分が何について、どういう根拠で、どのような論理を用いて発言するかを常に考えながら言葉を発していく訓練も不可欠ではないでしょうか。

言葉の力の育成のためには、話す・聞くといった音声言語を用いた言語活動より、文字言語を用いた言語活動、つまり読み・書きの活動が格段に重要な意味を持ちます。この場合には、言葉の力以外にコミュニケーションを成立させる要素がほとんど無いことにも留意する必要があるでしょう。とりわけ確かな学力の基盤としての言葉の力ということになると、読み・書きを中心とした言語活動が必須の重要性を持つのです。

「読み」で文字表現に出会う

文字文化との出会いは、「話す」「聞く」だけの言語活動と比べるならば、格段に高度なレベルの言葉の力を可能にします。どの国でも、体系的な学習の入口である初等教育においては、「読み」「書き」を重点的に教えてきたことも、このためでしょう。日本の戦国時代から江戸時代にかけて普及した庶民教育機関の寺子屋で、「読み・書き・そろばん」を最も基盤的な知的能力として重視してきたのもこのためです。

文字言語に出会って学びを始める第一歩は、「読み」です。この「読み」の学びは、ステップを踏んでなされなくてはなりません。

第一段階は、きちんと読めるようになることです。これは、日本語の場合なら、ひらがな、かたかな、漢字をきっちりと読める、というステップから始まらなくてはならないでしょう。そして漢字かな交じり文の読みに進んでいくわけです。この段階で大事な意味を持つのが「範読」ではないでしょうか。教師が子どもに正しい読み方を読んで聞かせることです。読めない漢字をいい加減に読んでいたり、文中の区切りを間違えて読んでいたり、文章そのもののリズムに気付かないままに読んでいたりすれば、一つの文章ときちんと出会うことはできません。詩や短歌、俳句になれば、なおさら「範読」が重要となるでしょう。

「範読」をモデルとして繰り返し声に出して読む、という「音読」もまた大切になります。クラスで声を揃えて「音読」する情景は、以前の小学校では当たり前だったのですが、いつのころからか静か過ぎる教室になってしまった学校も少なくありません。隣の教室に迷惑にならないように、ということは理解できますが、「音読」が国語の授業において不可欠の要素であることを忘れてはならないでしょう。また「音読」を宿題として出すことも、大切ではないでしょうか。

「音読」の次のステップは「暗誦」であり、「朗誦」です。大事な文章はよく読んで覚え込み、そらで言えるようになってほしいものです。そして皆の前で声高く、そらんじて語ることができるようになってほしいものです。名文や名詩や名句も、ここまでいって初めて自分自身の身に付いたものとなるのではないでしょうか。

こうした過程においては、一つひとつの言葉の意味を、特にキーワードとなる大事な言葉の意味を、きっちり理解するよう指導しなければならないでしょう。辞書を引いて意味を確かめる習慣をつけることも、小学校低学年から少しずつ始めたいものです。また、特にキーワードとなる大事な言葉についての学習は、どの教科でも、念入りにその言葉（概念）の意味するところの核心（内包）と、その言葉を使ってよい範囲（外延）について説明し、理解させせなくてはなりません。この点で子どもに「どう思う?」「自分の考えは?」などと丸投げするのではは、大事な言葉のきちんとした意味を理解し、正しく使えるようになる、というわけにいかないでしょう。言葉は基本的に伝統であり、約束事なのです。

この上に立って、第二段階としては、文章の全体的な意味を読み取る学びとなります。文章の全体として何が言われているのかを読み取るために、段落に分け、段落ごとに何が言われているのか、各段落の組立てを通じてどのような意味世界（テキストの世界）ができあがっているのか、といった読み取りの仕方が従来の国語教育において広く行われてきました。これは大事なアプローチですが、行間も含め文章の全体で何が言われているかの読み取りの指導には、未だ工夫の余地があるのではないでしょうか。文章全体で結局のところ何について何がどう言われているのか、その理由として何が提示されているのか、「隠れた5W1H（いつ・どこで・だれが・何を・なぜ・どのように）は?」というところまで考えを廻らし、構造的な理解を図っていかなくてはならないでしょう。こうした大局的な読み取りが十分でないままでは、「木を見て森を見ず」になってしまう恐れがあるからです。

第三段階は、一つの文章表現がどのようなイメージや情念を喚起するものであるか、という面への注目です。自分の読んだ言葉やフレーズが、シンボリックな意味、メタファー的な意味をどのように持っているか、それが文章の全体的な読み取りにどのような色彩をもたらせているか、ということです。「言葉の確かさ」だけでなく、こうした「言葉の豊かさ」についても、理解が深まっていく学習を展開していきたいものです。

「書く」ことへの慣れを

このような「読み」の学習を基にして、言葉の力を身に付けていく上で最も重要な「書く」活動がきます。

「書く」ことで、拡散しがちな思いや考えをリニアーな形で（一つの線上に）まとめてみることが可能になるのです。そして、自分の感じたこと、理解したこと、疑問に思ったこと等を自分なりに整理し、自分自身の目にはっきりと映るようにすることができるのです。そうした「書く」行為を繰り返し続けていくことによって、自分の認識や思考のあり方が理性的かつ合理的なものになっていくのです。さらに言えば、「書く」ことは表現の大事な手段であり、相手に受け止めて貰いたいことを的確に表す対他的な意識と能力を育てていく上でも重要な意義を持つことになります。だからこそ、「書く」という活動は、子どもに本当に力をつける授業をしようとするなら、まず最初に考えるべき重要な課題となるのです。

どの教科の授業でもワークシートなどを使った「書く」活動を組み込もう、各単元の終わりに学びを振り返っての文章を短くていいから書かせよう、と小中学校の現場に対して私自身長年言い続けてきました。〈言葉の力〉の育成が、どの教科・領域においても確かな学力を育む上で基盤になることから言うと、「書く」活動をどのような形で授業の中に組み込んでいくかは、学校現場で必ず考えていくべき重要な課題と言っていいでしょう。

現実には、全国学力・学習状況調査の論述式問題の場合でも、他のさまざまな学力テストでの論述式問題の場合でも、全く何も書かれていない空白の解答が少なくありません。自分のその時その場での思い付きなり何なりを書くということさえしていないのです。「考える」ことと「書く」ことが分離してしまっているのです。「書く」こと自体に慣れていない、「書く」という行為になかなか取り組めない子どもが少なくないのです。

「書く」力をつけるためには、まず何よりも繰り返し「書く」機会を持つことです。そうすれば、少しずつ慣れていって、「書く」ことに対しておっくうな感じを持たなくなるものです。気楽に書いてみることができるようになるのです。このためにも、先に触れたように、授業の中で少なくともワークシートなどをできるだけ毎時間準備し、その場で関心を持ったことをキーワード的に列挙させたり、自分の持った考えや感想を個条書きにまとめさせたり、等々をやってみる必要があるのではないでしょうか。それに加えて、単元末には、B5版くらいの白紙でも罫紙でもいいですから紙を配って、自由に「その単元で自分に特に面白かったこと」「新たに分かったこと」「これからも調べたり勉強したりしてみたいと思うようになったこと」

などを書かせるようにしたいものです。ともかくも「書く」という行為を、繰り返し、できるだけ数多く、やらせることです。

「書く」活動における指導は

「書く」ことは、外から枠をはめると重荷になって、なかなか気軽に筆を走らせることができない場合もあります。だから基本的には、その子なりに自由にやらせるのがいいでしょう。しかしながら、「書く」ことが思考の質を向上させ、また書かれたものの内容的な質が向上することに繋がっていくためには、いくつかの点での指導が大事な意味を持つはずです。

まず第一は、書く前の内容的な準備です。何を書くかをまず考えてみることです。述べるべき内容、キーワード等について予め考え、メモ的に書き出してみることも必要になるでしょう。

第二には、どう構成するかです。何をどういう順序で並べたらいいか、事前にも、また書き始めてからも、考えてみなくてはなりません。短い文章なら個条書き的なものになってもよいでしょうが、その場合でも、どれを初めにし、その次は……、ということは考えてみるべきでしょう。少し長い文章なら、論拠となるものをどう書いておくか、その上に立っての論理をどう組み立てていくか、といったことは考えてみるべきです。

第三には、書いたものを読み返してみることです。「自分は書いたものを全く読み返さない、できあがったものをそのまま素直に提出するだけである」と常に口にされる偉い方もおられます。そうした方を批判しようとは思いませんが、やはり読み返してみれば、普通なら気付く点がいろいろ出てくるはずです。誤字脱字もあるかもしれません。接続詞を少し考え直さないと筋が通りにくい、ということもあるかもしれません。

とはいえ、書き方についての指導は、必要最小限にとどめるべきでしょう。気楽に筆をとってまず書き始める習慣がつくのが先決だからです。小学校段階での指導は、多くの場合、「書いたものは後で自分で読み返して、字の間違いや言い足りないところはないかな、お友達に読んで貰うとしたらこれで分かってもらえるかな、と考えて、必要と思うところを直してみようね」というくらいでいいのではないでしょうか。

「読む」「書く」の三水準についての指導を考えながら

最後に、「読む」ことと「書く」ことには、基本として、次に図示するような三つの水準での指導を考える必要があることを、ここで強調しておくことにしたいと思います。

「読む」ことについては、先にこの三水準（段階）について述べましたが、「書く」ことについても、それに対応した三水準（段階）があることに留意する必要があるでしょう。ただし

「書く」ことについては、現実的には、この三つのステップを順に踏んで、ということでは必ずしもありません。まず何でもいいから「書く」ことから始め、書き慣れていくことに進み、そのプロセスの中でこの三水準についての指導を適宜入れていく、ということでいいのではないでしょうか。

「書く」ことの心理的負担を少なくしながら、「きちんと」「論理的に」そして「レトリックやメタファーも駆使した」文章が書けるところまで力をつけていきたいものです。

	【読　む】	【書　く】
〔第1水準〕 〈語句と約束事〉	言葉通りにきちんと読む ●語句が読め意味も分かる ●音読／暗唱／朗唱ができる （範読の重視）	約束事を踏まえてきちんと書く ●漢字とカナをきちんと書ける ●慣用に従って文章が書ける （慣用的表現の重視）
〔第2水準〕 〈全体的論理構造〉	〈全体世界〉を読み取る ●隠れた5W1Hも含めた全体構造の理解 ●キーワードの読み取り （構造的理解の重視）	〈全体世界〉を書き表す ●構成を十分に考えた構造的な書き表し ●キーワードの的確な使用 （構造的表現の重視）
〔第3水準〕 〈イメージや情念〉	自分なりに読み浸る （連想・感情喚起の重視）	イメージや情念の喚起を目指す （レトリック・メタファーの重視）

コラム

熟読と多読と

子どもが小学校に進んで以降の「言葉の力」の発達には、「読む」活動が最も基本となる重要な意義を持つものではないでしょうか。テキストを入念に読み、その文字列に込められている意味空間を着実に読み取る、という訓練が何よりも大事ではないかと思うのです。言語生活が乳幼児期の「聞く」ことから始まり、それを基盤として徐々に「話す」ことを覚え、自分の周囲の人達との間で「聞く」と「話す」を往復させていくことを通じて言語に関する一般的な感覚と能力を獲得していく、という事実は踏まえなくてはなりません。しかしながら、言語的世界を一挙に広げ、言語的諸能力を一気に高めるためには、ある段階以降「読む」活動が最も大切ではないかと思われるのです。

もちろん「読む」活動と言っても、漫然としたものであってはならないでしょう。朱子学を開いた朱熹（注1）が「読書三到」と言っているように、心を集中させ（心到）、眼を集中させ（眼到）、口を集中させる（口到＝気持ちを集中させた朗読）という形での熟読が望まれます。しかも中国の歴史書『三国志』の中の「魏志正粛」の注に「読書百遍義自ら見《あらわ》る」と言われているように、繰り返し同じ基本テキストを読むことが大切になります。そうすればまさに熟読玩味と言われるように、テキストの意味を深く味わえるようになるでしょう。

こうした熟読を教育活動の中で行うためには、当然の事ながら、テキストの選択が重要な意味を持ちます。何よりも繰り返しの熟読に耐えるものでなくてはなりません。昔は四書五経(『大学』『中庸』『論語』『孟子』と『易経』『書経』『詩経』『礼記』『春秋』)のような基本テキストとなる中国古典がありましたが、現在の学校教育では、これに匹敵するような古典は扱われていません。教科書の編集に関わっている人に、そして現場で自主教材を創ろうと努力している人に、子どもが繰り返し熟読する対象となるような新たな古典の発見ないし創出を是非ともお願いしたいものです。

子どものうちから繰り返し読んで、暗唱してしまうほど熟読してほしい古典として、私なら、古来日本人の精神的バックボーンを創ってきた『論語』、聖徳太子の『十七条の憲法』を、時代の新しいものでは、本居宣長の『うひ山ふみ』、山本常朝の『葉隠』を、ぜひ入れておいていただきたいと思います。

古典の熟読と並んで重要なのは多読です。広く本を読み、様々な情報や考え、表現に触れることは、「言葉の力」を付けていく上で重要な意味を持つでしょう。このためには、家庭の片隅にも、また学校の教室にも、手に取りやすい形で本を並べておくことも重要でしょう。また学校の図書室や公共の図書館に親しむことも習慣づけたいものです。さらには街の本屋を回って新しく出た本を次々と手に取って覗いてみることの楽しさを、何とか子ども達に教えたいものです。

多読する子とは、読書好き、本好きの子どもです。そうした子どもを育てる上での重要な要素は、そうした本好きの大人が身近な所にいるかどうか、さまざまな本の面白さを折に触れ子どもに語ってやる人がいるかどうかです。教師自身が、本が大好きで、常に読書する習慣を持ち、ということでなくては、学校でこの意味での読書指導の実をあげることはできないでしょう。したがって、教師自身が図書館に常日頃から親しむということであってほしいものですし、教師自身が本屋廻りを楽しみ、身銭を切って毎月何冊もの本を買い込んで読むということであってほしいと思います。

「言葉の力」は、数多くの多様な言葉を知っていることから始まります。大事な言葉については、自分自身の実感世界と関わらせて、腹に落ちる形で納得している必要があります。そして、言葉とその組み合わせを自分の頭の中でどう吟味検討し、どう筋道を付け、どう組み立てていくか、という思考力を培いたいものです。「読み」の学習をこうした展望のもとに行いながら、その基盤の上に、「書く」とか「創る」という情報発信力の育成を、また日常生活における「話す」「聞く」といったコミュニケーション能力の向上を望みたいと思います。

注

(1) 朱熹《しゅき》は西暦の十二世紀、中国の南宋の時代の儒学者。朱子と尊称される。彼が体系化した朱子学は、十四世紀中国では科挙に採用され、明朝では官学となり、日本などにも大きな影響を与えた。

第9章 論理の力を育てる言語論理教育を

論理世界を扱うための言語技術

欧米の国語教育（母国語教育）が、概念や論理、それを踏まえた論理的思考の力の育成を重視してきたことを考えてみるにつけ、日本の教育はこの点での反省と改善への取り組みにもっと課題意識を持たなくては、と思われてなりません。

誰にも共通する意味理解を持って言葉が通用するためには、基本となる言葉の意味をしっかりと理解し、また発信できる能力を誰もが身につけなくてはなりません。語彙の豊富さと語義の的確な理解、言葉同士の文法的関係の理解が順次達成されていく教育が必要とされるゆえんです。さらに進んで、言葉を用いることによって事がらや状況を論理的に受け止めて自分自身の意識世界を整理して知的操作の土台とするだけでなく、そうした論理的構造を持つ形での認知的情報を交換し合い共有財産としていく能力を身につけていかなければなりません。だからこそ、事がらや状況を5W1H（いつ・どこで・だれが・何を・なぜ・どのように）といった分析的視点から的確に読み取り、表現や主張、問題提起等の背後にある根拠を明確にすると同時に、根拠からそれらが導かれる道筋をはっきりさせる等々といった読み取り聞き取りの訓練が、もっと行われなくてはならないのです。そして、それを基礎として、根拠を明確にし、そこからの論理的展開をはっきりさせた表現ができるようにならなくてはならないでしょう。言語論理教育ないし言語技術教育が今あらためて強調されなくてはならないゆえんです。

小・中・高等学校の国語教育においては、こうした言語論理教育ないし言語技術の学習に適した教材を多様な形で準備することも考えられなくてはなりません。現在の国語教科書では必ずしも十分でなく、この面での工夫が今後さらに必要とされざるをえないでしょう。またこれと同時に、現在の教科書で多用されている物語や小説などの文学教材を用いるとしても、すぐに個人的感想を求めたりするのでなく、もっとテキストそのものにこだわらせる等、授業活動の在り方に新たな工夫が必要です。

例えば、学習者がそのテキストから何をイメージし、何をどう読み取るか、どこでどう感じ共感するか、といった「読み手の空間」ばかりを念頭に置いた指導になってしまっては、自分なりの読み取りの大前提とされなくてはならないテキスト全体の組み立てやモチーフ、それを支える論理構造、そして具体的な表現の仕方や基本的な用語を明確に認識させることが不充分になっているのではないか、と思われてなりません。的確な形でテキストの読み取りをさせる、といった面での弱さ、つまり「テキストの空間」へのこだわりの弱さが我が国の従来の国語教育にあったのではないかとの反省が不可欠ではないでしょうか。さらには、書き手がどういう思いや意図を込めてそのテキストを書き上げたのだろうか、という「書き手の空間」にこだわるにしても、単にそこでいろいろと推測してみるだけに終わってしまっていたのでは駄目です。テキストのどこの部分をどのような意味での根拠として書き手の思いや意図をこう読み解かざるを得ない、といった「書き手の空間」への確かな根拠を持つアプローチが弱かったのではないかとの反省も、この辺りで厳しくやっておく必要があるでしょう。

こうした指摘は、言語論理教育ということで一九七〇年代から当時東京学芸大学におられた井上尚美先生（注1）が、一般意味論の日本への紹介を中心として、強調されてきたところです。一九七七年に刊行された『言語論理教育への道——国語科における思考』（文化開発社）は、それまでの国語教育の在り方に大きな転換を迫るものでした。井上尚美先生の提言は、二〇〇七年に刊行された『思考力育成への方略——メタ認知・自己学習・言語論理』（明治図書出版）にも詳しく述べられています。

つくば言語技術教育研究所を主宰する三森ゆりか氏が、言語技術ということで、一九八〇年代中頃から強調し続けてきたところも、また重要です（注2）。彼女は、ドイツで受けた自身の中高一貫学校での四年間にわたるドイツ語教育（＝母国語教育）を原体験として、それが日本の国語教育と大きく原理を異にする論理的な思考と対話の能力の育成であることを指摘します。しかもそれが古代ギリシャの修辞学を基礎とした欧米諸国の言語教育の基本的な在り方であり、現代の世界標準（グローバル・スタンダード）とも言うべきものであることを主張しています。私自身も、ドイツを初め欧米諸国の母国語教育の授業を繰り返し見てきた経験から、この三森ゆりか氏の主張に全面的に賛同するものです。

言語力育成協力者会議の提言――言語技術的な指導原則と学習指導要領

言語技術についての議論は、文部科学省が二〇〇六年六月に設置した「言語力育成協力者会議」でも盛んになされました。私自身がこの協力者会議の座長を務めましたが、三森ゆりか氏もメンバーの一人であり、また国語学・心理学・教育学等の分野から、甲斐睦朗、内田伸子、秋田喜代美、角屋重樹、寺尾愼一、岩田一彦らの諸氏もメンバーとして加わっていました。この折には、従来の国語教育の路線から脱却できない主張も少なからずあり、新たな方向づけを打ち出すのがなかなか大変であったことが思い起こされます。しかしながら、以下の諸点については平成一九年（二〇〇七年）八年一六日付けの報告（注3）に明確にうたわれており、これが「ゆとり教育」の克服を目指した平成二〇年（二〇〇八年）三月告示の小学校・中学校学習指導要領、平成二一年（二〇〇九年）三月告示の高等学校学習指導要領に、さらにはこの路線を引き継いだ平成二九年（二〇一七年）三月告示の小学校・中学校学習指導要領、平成三〇年（二〇一八年）三月告示の高等学校学習指導要領に生かされています。

●国語科は言語力育成の中心的な役割を果たすべく、メタ言語活動の指導の充実など国語科自体の改善を図ることが必要である。

例えば、小学校・中学校においては、言語の教育という立場から、実生活や実社会で必要な言語能力、各教科等の学習の基本となる言語能力、さらに言語文化に親しむ態度を確実に育成することが求められる。

高等学校においては、加えて、社会人として必要な言語能力の基礎を確実に育成するとともに、言語文化を享受し自ら創造していく能力や態度を育成することを重視する必要がある。

（中略）

●言語力を育成するため、「受け答えをする」「事実を正確に伝える」「要点をまとめる」「相手・目的・場面を考えて情報を理解したり伝えたりする」「多面的・多角的に物事を見る」「情報を的確に分析する」「自らの知識や経験に照らして情報を評価する」などの技能や能力を育成していくことが望まれる。このため、発達段階に応じて重点化を図りながら、適切な言語活動や言語運用法の指導を組み込んでいくことが望ましい。

●文章や資料を活用し、論理的に考え、表現する力を育成するためには、「情報の取り出し」→「解釈」→「熟考・評価」して論述するという、いわゆるＰＩＳＡ型読解力のプロセスを参考として指導することが期待される。
●伝え合う力を育成するため、相手の立場を考慮しながら双方向性のある言語活動をしたり、建設的な合意形成を目指した言語活動をしたりする技能を育成することが望ましい。
●我が国の文化や伝統を継承・発展させるため、近現代文学や古典をはじめとする言語文化に親しむ態度や、日常的に読書をしたり表現したりする言語生活を形成する態度を育成することが大切である。

なお、こうした考え方に基づいて、具体的な言語運用法について以下のような技能を形成することが目標とされています。

〔感受・表現〕●音読・暗唱などの技能
●感性・情緒と関連した表現・修辞を理解する技能
●喜怒哀楽等の感情を、言葉と共に身体などを使って表現する技能
●文学作品を通した伝統や文化的背景に関する知識
〔理解・伝達〕●事実と意見を区別して説明する技能

●漢字、語彙、文法などを適切に使う技能
●記録、描写など事実を正確に伝える技能
●レジュメ、物語のあらすじなど、情報を要約して伝える技能

［解釈・説明］●抽象的な用語の意味を理解して説明する技能
●視点を変えたり他の事象と関連付けたりして、多面的・多角的に物事を見て、的確に分析する技能
●文章の中の情報に基づき、根拠を持って、筆者の意図を分析し、解釈して説明する技能
●相手・目的・場面に応じて適切に説明する技能

［評価・論述］●結論を示した上で、その判断の基礎となる考え方を根拠を持って説明する技能
●文章の形式や内容について、既得の知識や自らの経験などに照らして評価を行った上で論述する技能
●複数の媒体やテキスト等を活用して、媒体の特性を踏まえて情報を評価する技能

［討論・協同］●討論、議論などを通じて、建設的な合意形成を目指した言語活動をする技能

今後の国語教育で特に重点的に指導すべき三つのポイント

言語力育成協力者会議の提言は、確かな〈言葉の力〉を形成しようとする言語論理教育や言語技術教育の要点をほぼ尽くしていると言ってよいでしょう。こうした諸点を基にして、特に小中学校段階での国語教育で重点的にこだわって指導していくべき点を考えてみるなら、次の三点が特に重要となるのではないでしょうか。どの学校でもこうした三点を踏まえた読み取りと書き表しを繰り返し行わせ、そこで育成された力を基盤として、話す、聞く、といった力をつけていきたいものです。

(1)正しい語義の理解

そこでの読み取りや聞き取り、言い表しや書き表しの中で大事な要素となる言葉（単語や句）の意味について、きちんと調べて正しい理解に努めること。

「辞書引き学習」という形でこの点を授業の中で重視している学校もあり、私も何度か参観させて貰ったことがあります。意味の分からない語や言い回しについて辞書を引くのは当然のことですが、自分で意味が分かっていると思っている語や言い回しについても、文章の中で大事な位置を占めているなと思ったら確認のため辞書を引いてみるという方法です。

また、大事な語や言い回しについて、学級の話し合いの中で自分の理解するところを出し合って皆で確認していくといったやり方も重要でしょう。

⑵根拠の明確化

何らかの結論を読み取ったり聞き取ったりする際に、また自分の主張を言い表したり書き表したりする際に、その結論や主張を支える根拠にこだわり、その結論や主張が導き出されてくる土台と筋道をはっきりさせること。

これは小学校の低学年から、自分の意見を言う時にはまず結論を述べ、続いて必ず「そのわけは……」と根拠を述べさせるという形で訓練している学校が少なからず見られます。こうした習慣付けは、自分が何かを書き表す時にも生きてくるでしょうし、さらには何かの文章を読んだり他人の話を聞いている時でも、そこで主張されたり結論付けられていることが何を根拠としているのか、それは適切妥当なのか、自問自答してみる習慣をつけていくことになるでしょう。

こうした習慣が身に付いていけば、「正解」的な結論だけをそれだけで受け入れて振り回す、といった上っ面の学びに陥ることもなくなるでしょうし、相手に分かって貰おうという意識を欠いたまま一方的に自分の主張を押し出していく、といった独り善がりの姿勢も見られなくなるはずです。

⑶５Ｗ１Ｈ（いつ・どこで・誰が・何を・何故・どのように）へのこだわり

読み取りや聞き取りの際にも、言い表しや書き表しの際にも、一語文的で単刀直入の理解や表現にならないように注意し、確かな根拠からの推測も含め、５Ｗ１Ｈにわたる広い意味空間での理解や表現となるよう常に気を配っていくこと。

子どもや若者の間で、「やばっ！」とか「可愛い！」等々といった単純化した言葉がよく用いられています。スマホの普及に伴って、こうした単純表現の多用がどんどん進んでいる感があります。こうした単純化された言葉を用いるだけでは、自分の感情の直接的な表出と、その単純で直裁な受け止めという域に留り、広く確かな意味空間を表現することも理解することも到底不可能です。読み取りや聞き取り、書き表しや言い表しのいずれの場合でも、結論や主張の基礎に５Ｗ１Ｈにわたる文脈理解がほしいものです。もちろん５Ｗ１Ｈの全てが明示的に表現されることは少ないわけですから、与えられた素材から確かな根拠を持って推測することが必要となるでしょう。こうした力をつけていくためには常に５Ｗ１Ｈにこだわり、それを読み取っていこうという意識が大切でしょうし、繰り返し訓練することが不可欠でしょう。

言語技術教育の展開——聖ウルスラ学院英智小中学校での実践

私が理事長を勤める仙台の聖ウルスラ学院英智小中学校では、伊藤宣子校長のリーダーシップの下で、二〇〇六年度から今日まで一〇数年にわたって、三森ゆりか氏に指導していただき、論理力を育てる言語技術の教育を重視してきました（注4）。近年は渡部久美子教務部長が世話役となり、こうした言語技術を小中学校の日常の教育課程に位置づけていますが、現段階での基本的な指導内容は近年の「学校案内」に次のように示されています（注5）。

●［話す・聞く］問答ゲーム・議論、そして対話による深い学び合い

問答ゲームは、問いに対して主語を必ず入れ、「主張（結論）・根拠（理由）・再主張（結論）」の型で返すというゲーム形式の学習です。問答ゲームの型を基本とし、議論の際にも一貫してその型を用いて発言させます。自分の意見に責任を持って論理的に伝える力と、相手の意見を分析的・批判的に聞き取る力が鍛えられ、対話による学びが深まります。

●［読む］絵の分析・テクストの分析など

絵や文章など様々な情報を論理的・多面的・批判的に分析・解釈をします。読解力や情報分析力の素地を培い、一冊の本を丸ごと読み込む「丸本分析」という学習も取り入れています。あふれる情報の中から必要な情報は何か判断し、正確に読み取る力が育成されます。

●［書く］パラグラフ・小論文

問答ゲームの型と同じ構造を持つ「パラグラフ」の形式を用い、自分の思考を整理して論理的に書く訓練を積み重ねています。基本となるパラグラフを組み立てて構成した小論文は世界

標準の型に基づいたものです。書いた文章は指導者によって添削、観点別に評価されて返却されます。繰り返し取り組むことで記述力が磨かれていきます。

こうした活動を貫くものとして渡部久美子教務部長が次のように語っているところが、教育上非常に重要な意味を持つのではないでしょうか（注6）。

言語技術教育は話す・聞く・書く・読む力を総合的に鍛えますが、私はその先にもっと大事なものがあると考えます。人生で直面する課題を解決するための思考力を育てることです。子どもたちには、論理的、批判的、多面的に考える力をもって、予測不可能な世の中を生き抜けるようになってほしいのです。

人間は言葉を発する脳と道具を作る脳が同じ部分なのだそうです。創造性の活動と言葉の活動が一緒に進化してきて、今の人類があります。つまり流行と思っていた言葉の教育が実は不易なるものだったのかもしれません。先ほどの理事長先生の言葉、「大切なのは人間を育てること、不易に還るのです」が、ここにも通じているのではないでしょうか。

先生方は言語技術教育の研修を重ね、その成果を言語技術科に留まらず、教科横断的に、往還的に生かせるよう取り組んでいます。今年度の研修のキーワードは「つなぐ」、さまざまな教育活動をつなぎ、輪になったものが不易、カトリック学校の人間教育なのだと思うのです。

聖ウルスラ学院英智小中学校での言語技術教育、特にテキストの文章をどのように論理的に読み取るか、という指導について、実際の指導過程の例を添付資料1（注7）としてこの章の終わりに提示しておきます。

さて、聖ウルスラ学院英智小中学校での言語技術教育の活動には、これまでの日本の国語教育では見られなかった「絵の分析」なども含まれています。この「絵の分析」は、言語技術教育で大事にされている特異なものであり、論理的な読み取りの力の育成の方策を象徴的に表していると思われるので、少し詳しく以下に紹介しておきたいと思います。

聖ウルスラ学院英智小中学校では、絵本を見せて5W1Hを分析的に読み取るといった授業が時に行われますが、具体的には、

⑴絵本を見て、描かれている絵や掲げられている言葉を手掛かりとして、そこでの物語を、時・場所・状況などを考えながら、また登場人物の様子や心情などに留意して、自分なりに読み取る、そして作者が工夫している点についても考えてみる、

⑵絵本から読み取ったことを、根拠を明らかにしながら他の人に対して話す、

⑶絵本から読み取ったことを、文章の形で表現する、

といった活動です。さらには、こうした活動を基盤に、作文の場合でも論理的な骨格のはっきりした文章が書けるようにという指導に発展していくことになります。

この具体的な指導内容とそのための準備の概要について、最近の校内研究会での資料も添付

資料2（注8）としてこの章の終わりに掲げておくことにします。

注

（1）井上尚美（一九二九〜二〇二一）は国語学者、国語教育学者。東京大学文学部哲学科卒。暫く中学校の国語科教員をされてから、東京学芸大学専任講師に。同大学教授を経て創価大学教育学部教授。より詳しくは、梶田叡一「井上尚美先生を悼む——言語論理教育の先駆者として」『教育フォーラム68　心の耕し——豊かでタフな人間性の涵養を』金子書房、二〇二一、一七二—一七七頁を参照されたい。

（2）三森ゆりか『大学生・社会人のための言語技術トレーニング』大修館書店、二〇一三、などを参照されたい。

（3）文部科学省『言語力の育成方策について（報告書案）』［修正案・反映版］二〇〇七

（4）『第二回英智公開研究会実施要項』（二〇〇六年一二月二日）〜『第一四回英智公開研究会実施要項』（二〇一八年一一月二三日）を参照されたい。

（5）『聖ウルスラ学院英智小・中学校 School Guide 2019』二〇一八年

（6）座談会「人間づくり教育を語り合う」『聖ウルスラ学院英智報　ウルスラ英智』vol.39、二〇一八年、九月、四頁。

（7）梶田叡一「論理的な〈言葉の力〉の育成と言語技術教育」桃山学院教育大学『教育実践研究　第1号』二〇一九年三月、六一〜九〇頁。

（8）（7）と同じ。

［資料1］（桃山学院教育大学「教育実践研究　第1号」2019収録）

*11月英智公開研究授業

国語・言語技術科授業設計案
言語技術科（7年）

聖ウルスラ学院英智小・中学校　早坂　愛

1　単元名

テクスト分析　「白人専用」（ウルズラ・ヴェルフェル作）

2　本単元を通して育てたい児童生徒の課題解決に向けて主体的・協働的に学ぶ力

国語・言語技術科のテーマは「学びの積み上げを活かし、言葉に着目した論理的な思考を対話の中で深め合う力の育成」である。テーマの実現にあたり、本単元では「主体的」「協働的」に学ぶ力として、以下の点を児童に身につけさせたい。

「主体的」……読み取った事実に対して、自らの意見を表現する力

「協働的」……他者との対話の中で批判的、多角的に思考を深める力

3　到達目標

○願い
・テクストから根拠を探し、物語を読み深めることで論理的な思考力を身につけさせたい。
○ねらい
・物語の設定（時・場所）や登場人物の置かれている状況、物語の構造について、テクストに書かれている言葉を根拠にして分析することができる。
・自分の考えを適切な根拠を示して発言することができる。
・テクストに書かれていることを適切に分析し、物語の社会背景を理解することができる。
・分析したことをもとに、主題を読み取り適切に文章に表現することができる。

※「4　目標分析表」「5　目標構造図」は次頁に掲載

6　指導順路

第1時（本時）　R1⇓R2⇓A1⇓A2⇓A3⇓B1⇓B2
第2時　A4⇓B3

4　目標分析表

学習事項	関心・意欲・態度	言語技術についての知識・理解	言語技術についての技能
1　テクストと出合う	・テクストに関心を持ち、深く読み取ろうとする。	・テクストを分析する観点（物語の設定、物語の構造・主題）がわかる。	
2　テクストを分析する	・友だちの意見を聞くことができる。 ・友だちの考えに賛成したり、反対したり、関わりを持とうとする。（対話）	・物語の設定（時・場所）や登場人物の置かれている状況、物語の構造について、テクストに書かれている言葉を根拠にして分析することがわかる。	・自分の考えを適切な根拠を示して発言し、議論することができる。 ・テクストに書かれていることを適切に分析し、物語の社会背景を理解することができる。
3　テクストの主題を読み取り、分析文を書く		・分析文の書き方を知っている。	・分析したことをもとに主題を読み取ることができる。 ・テクストを分析した結果を的確に文章に表現することができる。

5　目標構造図

前提目標R	基礎目標A	中核目標B	発展目標C
R1 （関心・意欲・態度） テクストに関心を持ち、深く読み取ろうとする。	A1（知識・理解） テクストを分析する観点（物語の設定、物語の構造・主題）がわかる。		
	A2（知識・理解） 物語の設定（時・場所）や登場人物の置かれている状況、物語の構造について、テクストに書かれている言葉を根拠にして分析することがわかる。	B1（技能） テクストに書かれていることを適切に分析し、物語の社会背景を理解することができる。	
R2 （関心・意欲・態度） 友だちの考えに賛成したり、反対したり、関わりを持とうとする。 （対話）	A3（技能） 自分の考えを適切な根拠を示して発言し、議論することができる。	B2（技能） 分析したことをもとに主題を読み取ることができる。	
	A4（知識・理解） 分析文の書き方を知っている。	B3（技能） テクストを分析した事実を的確に文章に表現することができる。	

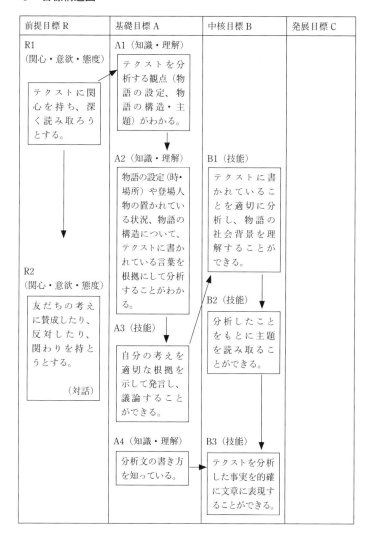

			③「田舎の村」と「大きな町」を比較する。 ④「白い女の人」の行動について分析する。 ⑤最後の段落における男の子と周囲の大人たちの反応の相違を分析する。	・テクストに書かれていることを適切に分析し、物語の社会背景を理解することができたか。 ・分析したことをもとに主題を読み取ることができたか。	発言 発言
2（1）	分析文を書く	・テクストを分析した事実を的確に文章に表現することができる。	①主題について分析文を書く。	・テクストを分析した事実を的確に文章に表現することができたか。	記述

7　単元指導計画

時数	学習事項	到達目標	主な学習事項	評価	
				観点	方法
1（1）本時	テクストの分析	・テクストに関心を持ち、深く読み取ろうとする。 ・物語の設定（時・場所）や登場人物の置かれている状況、物語の構造について、テクストに書かれている言葉を根拠にして分析することがわかる。 ・自分の考えを適切な根拠を示して発言し、議論することができる。 ・テクストに書かれていることを適切に分析し、物語の社会背景を理解することができる。 ・分析したことをもとに主題を読み取ることができる。	①テクストと出合う。 ②男の子がどのような状況におかれているかを、生活、家族、現在の状況から分析する。	・テクストに関心を持ち、深く読み取ろうとしたか。 ・物語の設定（時・場所）や登場人物の置かれている状況、物語の構造について、テクストに書かれている言葉を根拠にして分析することがわかったか。 ・自分の考えを適切な根拠を示して発言し、議論することができたか。	発言 発言 対話

8　評価基準

関心、意欲、態度

- ・テクストに関心を持ち、深く読み取ろうとしたか。
- ・友だちの考えに賛成したり、反対したり、関わりを持とうとしたか。

言語技術についての知識・理解

- ・テクストを分析する観点（物語の設定、物語の構造・主題）がわかったか。
- ・物語の設定（時・場所）や登場人物の置かれている状況、物語の構造について、テクストに書かれている言葉を根拠にして分析することがわかったか。

言語技術についての技能

- ・テクストに書かれていることを適切に分析し、物語の社会背景を理解することができたか。
- ・自分の考えを適切な根拠を示して発言し、議論することができたか。
- ・分析したことをもとに主題を読み取ることができたか。
- ・テクストを分析した結果を的確に文章に表現することができたか。

［資料2］（桃山学院教育大学「教育実践研究　第1号」2019収録）

国語・言語技術科授業設計案
言語技術科（F2年）

＊7月校内研究授業

聖ウルスラ学院英智小・中学校　松野　亜紀

1　単元名

絵本の挿絵の分析をしよう

「ふしぎなよるのこびとたち」　文　アウトグスト・コーピッシュ

絵　イブ・ダルレ　訳　清水奈緒子

2　本単元を通して育てたい児童生徒の

「論理的思考力に基づくクリティカルなものの見方・考え方」

国語・言語技術科のテーマは「言葉による論理的な思考を深め合う中で、学びの積み上げを実感できる児童生徒の育成」である。このテーマを実現するために、本単元では以下の点を児童に意識させ、指導にあたっていきたい。

・対話を通して、自分の考えを深めたり、広げたりするきっかけを与える。さらに、相手の考えを聞く意識を持たせるための発問を工夫することで、自分の考えと他者の考えを比較しながら思考を深められるようにする。

・自分自身の取り組みを振り返らせ、自分の学びの変容や他者の考えに触れることで新たな気付きや発見ができることを実感させる。また、振り返る場を通して、次の課題解決に活かそうとする主体性を引き出したい。

3　到達目標

○願い

・絵本の挿絵に対して、描かれている情報を根拠として分析し、観察する力を養いたい。

・分析したことをもとに、一枚の挿絵から物語の前後関係を考えられる想像力を育てたい。

○ねらい

・絵から読み取ったことを、根拠を明らかにしながら述べることができる。

・絵の分析結果から、物語の内容を考えることができる。

※「4　目標分析表」「5　目標構造図」は次頁より掲載

6　指導順路

1時　　R1⇓R2⇓A1⇓A2⇓A3⇓B1⇓C1⇓A5⇓C2

4　目標分析表

学習事項	関心・意欲・態度	言語技術についての知識・理解	言語技術についての技能
1　絵との出合い	・絵に関心を持ち、注意深く観察しようとする。	・絵を読み取る観点（場所、時間、人物）がわかる。	
2　絵の分析をする	・友達の意見を、関心を持って聞くことができる。	・場所、時間、人物の様子を表す言葉を的確に使用することができる。 ・絵から情報を取り出し、分析、解釈し、自分の考えを持つことができる。	・自分の意見を、適切な根拠を示して発言することができる。 ・友達の意見に賛成したり、反対しながら積極的に議論に関わることができる。 ・友達との意見交流を通して自分の考えを深めることができる。
3　物語を聞く	・教師の読み聞かせを集中して聞くことができる。		・絵の分析結果と物語の内容のつながりを考える。

5　目標構造図

前提目標 R	基礎目標 A	中核目標 B	発展目標 C
R1（関心・意欲・態度） 絵に関心を持ち、注意深く観察しようとする。	A1（知識・理解） 絵を読み取る観点（場所、時間、人物）がわかる。		
	A2（知識・理解） 絵から情報を取り出し、分析、解釈し、自分の考えを持つことができる。	B1（技能） 自分の意見を、適切な根拠を示して発言することができる。	C1（技能） 友達との意見交流を通して自分の考えを深めることができる。
	A3（技能） 友達の意見に賛成したり、反対しながら積極的に議論に関わることができる。		
R2（関心・意欲・態度） 友達の意見を、関心を持って聞くことができる。	A4（知識・理解） 場所、時間、人物の様子を表す言葉を的確に使用することができる。		C2（技能） 絵の分析結果と物語の内容とのつながりを考える。
	A5（関心・意欲・態度） 教師の読み聞かせを集中して聞くことができる。		

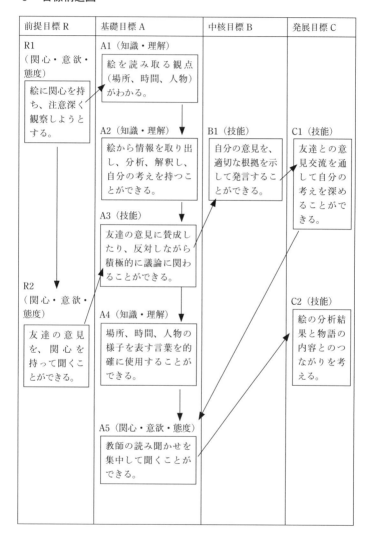

7　単元指導計画

1時間単元のため省略

8　評価基準

関心・意欲・態度

・絵に関心を持ち、注意深く観察しようとする。
・友達の意見を、関心を持って聞くことができる。
・教師の読み聞かせを集中して聞くことができる。

言語技術についての知識・理解

・絵を読み取る観点（場所、時間、人物）がわかる。
・場所、時間、人物の様子を表す言葉を的確に使用することができる。
・絵から情報を取り出し、分析、解釈し、自分の考えを持つことができる。

言語技術についての技能

・自分の意見を、適切な根拠を示して発言することができる。
・友達の意見に賛成したり、反対したりと積極的に議論に関わることができる。
・友達との意見交流を通して、自分の考えを深めることができる。
・絵の分析結果と物語の内容のつながりを考えることができる。

コラム

記述式応用問題を解く力

学力テストに、多肢選択式（正答選択法）や正誤法だけでなく、短答記入など記述式の問題を用いることが増えてきました。記述式を用いなくては、深い理解や思考力などがテストできないからです。しかし、記述式問題で学力を見ていくことについては、色々と考えておくべき点があります。

無記入の問題

例えば小学生中学生に実施されてきた文部科学省の全国学力・学習状況調査では、算数・数学の場合、基礎的基本的な内容の「習得」を見る問題Aの方は、例年まずまずの出来でしたが、「活用」の力を見る問題Bの方の出来は、残念ながらかなり低い得点となっています。

問題Bは計算問題でなく応用問題です。「多肢選択式問題」もありますが、「そのわけを言葉や式を使って書きましょう」という「記述式問題」も含まれます。特に問題となるのは、この「記述式問題」の部分の出来が特に悪い、しかも無記入の回答が多いという点ではないでしょうか。従来の国際比較調査の際にも、「記述式問題」で日本の子どもに無記入が多く見られ、また都道府県や市町村が実施している学力調査においても、「記述式問題」での無記入が多く見られました。

いずれにせよ、「記述式問題」で無記入ということは、その子どもの学力構造が脆弱であることを意味するのでしょう。言葉や記号で叙述された一つの世界をどのように整理して、そこでの問題構造をどう浮き彫りにして、どう解いていくかという根本的な力が身についていないまま、与えられた問題から決まりきった解答を導き出すだけでは、本当の知性ではありません。そうした問題を如実に示す事実が、無記入ではないでしょうか。

「記述式問題」で正答が得られない場合について、そこでの学力のあり方を分析的に考えてみるならば、次のような問題点が存在します。

一．問題文に含まれる大事な言葉や記号・図表等に意味の分からないものがある。［重要な用語・記号・図表等についての知識・理解］

二．問題文の全体的な意味が読み取れない。［文章の全体構造を把握する力］

三．問題文の全体構造を簡潔に言葉でまとめたり、式の形で表現したりできない。［問題構造の定式化へと要約する力］

四．問題として言葉や式で表現されているところを解くことができない。［問題を解く技法と能力］

最後の四として挙げたところは、今回の全国学力・学習状況調査の問題Bのような「応用問題」では関係ありませんし、またこれまでの算数教育において力を入れて取り組まれてきたところですので、ここでは取り上げません。しかしながら、これまでの算数教育で見落とされがちであった一～三の点は、十分に考えてみなくてはならないでしょう。

算数授業で「ことばと思考力」の指導を

一～三の点のそれぞれを、これからの算数授業の改善の具体的な課題として取り組んでいくべきです。特に、問題Bのような出題に対しての無記入という反応が見られなくなるためには、こうした意味での「ことばと思考力」の育成を重視した活動を、たとえ算数の授業であっても、これからは十分に工夫していかねばなりません。

まず一について。算数の時間に、教科書に出てきた用語や記号、図表類が、どの子どもにも十分に理解され、使いこなせるものとなっているかどうか、教師は常にこだわりを持たねばならないでしょう。特に重要な用語や記号等が子どもにとって初出の時は、注意深く説明し、練習させ、正しく理解され使いこなすことができるよう指導しなくてはなりません。このためには、教材研究をする際、この単元ではどのような用語・記号等が不可欠の重要性を持つかを洗い出し、単元目標構造図で〈基礎目標〉として位置づけておくなどのことが大切になります。

二について。問題文の全体的構造の読み取りの力をつけるためには、文章表現の長い「応用問題」に数多く取り組ませることが不可欠です。これに加えて、授業では、教科書のまとまった部分を読ませ、それについて自分なりの説明をさせる、といった活動（国語的な授業と思われるかもしれないが）も必要になるでしょう。

三について。要約と定式化の力をつけるためにも、多様な「応用問題」に数多く取り組ませることが必要です。教科書にない応用問題を数多くプリントして子どもに取り組ませることが不可欠ではないでしょうか。家庭学習の課題としても、記述式の「応用問題」を習慣的に出していくことを考えなくてはならないでしょう。

小学校においては一人の担任教師が国語も算数も教えるという利点を十分に意識したいものです。教科を超えて「言葉と思考力」の育成をしなくては、どの領域においても学力が強靭な形で形成されることはありません。まさに「基幹学力」を育成するという観点で、この課題に取り組んでいきたいものです。

エピローグ

言葉の力を鍛えて賢さの実現を

人は自らの言葉の力を鍛えていくことによって、賢く認識し、賢く思考し、賢く判断できるようになります。そして、賢く自分自身に対応して適切妥当な自己統制をし、その積み重ねを通じて自分自身の持続的な成長を賢明な形で図っていけるようになります。言葉の力を十分に駆使することによって、知性的で合理的で理性的になり、その場その場で多面的な目配りを持って思慮深く言動できるようになり、その持続によって自分自身を自分の願う方向に向け着実に創っていくことができるようになるでしょう。

こうした賢さには、以下に挙げる幾つかの特性が含まれるように思われます。

(1)内的根拠を持つ

その人の思考や言動が、その人自身の内面世界に深く根ざしていることが賢さの大事な要件ではないでしょうか。その人の実感しているところを大事にし、その人が納得し本音としている根拠に基づいて考え、言動することが、本当の賢さには不可欠ではないかと思われてなりません。こうした実感・納得・本音の世界を形成するためには、体験を豊富に持ち、それを基に実感的な内的吟味を多面的に積み重ねることが大事になるでしょう。

刺激＝反応的であることは賢さとは対蹠的な位置にあります。自分の実感・納得・本音に基づいて自己内対話（思考）を繰り返す習慣がつき、それに基づいて一定の結論を引き出すことができれば、衝動的でも上っ面でもない賢明な言動が可能になるでしょう。この過程は言葉を媒介にしたもので、自己の言動を安易な同調・迎合とは無縁なもの、理性的で合理的なものにしていくことになります。

(2)豊富な経験と知識を持つ

自己内吟味（思考）を綿密にしていくためには、吟味（思考）の素材が豊富でなくてはなりません。豊富な経験と知識が、そうした素材として不可欠のものとなります。関心を持つ当面の課題に関し、様々な機会に経験したことや、学んできた広範囲な知識を素材として動員し、念入りな自己内対話（思考）によって結論を出すことが、まさに賢さの具体的現れと言っていいのではないでしょうか。

話したり書いたりする際にも、また聞いたり読んだりしたことを受け止める際にも、自分の内にある豊富な経験と知識を踏まえて、それらと十分に関連付けた形で多面的に吟味検討できることは、賢さの具体的な現れと言わなければなりません。経験したことのない事がらについて、また関連した知識を持たない状態で、その時その場の思いだけで結論を出したり、決定を下したりすることは、賢さと対蹠的な位置にあるのではないでしょうか。

(3)粘り強く多面的に考える

問題に直面してもすぐに結論を出すのではなく、判断留保的な構えを持続しつつ、最終的な判断に至るまでに、何度も何度も様々な角度から慎重に検討し、自己内対話（思考）できることも、賢さの要件として大切でしょう。反射的に何かの結論に飛びついたり直感的に判断してしまうことが習慣となれば、とうてい理性的で賢い言動はできないのではないでしょうか。

粘り強く考えを進め、多面的に検討を続け、考えを拡げ深めていく習慣が身につかなくては、賢さは実現できないでしょう。すぐに人や事柄に対して一定の概念なり言葉なりを当てはめ、それでもって事終われりと安心してしまう「レッテル貼り」的な姿勢は、何よりもまず払拭しなくてはならないでしょう。

(4)発想・着想を常に刷新していく創造的な姿勢を持つ

それまでの発想・着想を打ち破って新たなものにしようという創造的な姿勢を持つことも、賢さにとっては大切でしょう。ありきたりの発想や、ありふれた着想ばかりでは、賢さと無縁ではないでしょうか。もちろん、そうした新たな発想・着想を現実化するよう様々なアプローチを粘り強く試み、最終的には新たに高度な見解を表明したり、新発見や発明に到達したりするところまでいけば素晴らしいことです。

いずれにせよ、自分の思いや考えを常に刷新し、革新しようと努め、新規なアイディアを大事にし、新たな着想に基づく新たな活動を試みてみることは、ダイナミックな形での賢さの現れと言えるのではないでしょうか。

⑸時と場を越えて妥当する的確な判断を持つよう努める

広い目配りの下に、時と場所を超えて多くの人に受け入れて貰えるような、バランスのとれた結論を得ることに努めることも、賢さにとって大事な点ではないでしょうか。

多くの人になかなか理解してもらえない考え方、たとえ多くの人に理解され支持されても時や場所が変われば妥当しなくなりそうな「今」「ここ」での考え方、に囚われないよう十分に注意したいものです。狭い範囲でのみ通用する考え方にしがみついているようでは、どうにもなりません。独善的な結論を性急に出してしまうことのないよう、一般性普遍性を求めての自己内対話（思考）を繰り返すことを習慣付けていきたいものです。

こうした諸点を含む賢さには、結局のところ、広く認識し、合理的に粘り強く思考し、慎重な目配りの下に判断する収束的な思考力と、折に触れ事に触れて様々な着想を得、次々と思考を発展させ飛翔させ、今までに無い何かを実現していく拡散的な思考力の双方が必要となります。このいずれの場合においても、自己内対話の力が、その基盤として不可欠な言葉の力が、重要な役割を果たしていくのです。

ブルーム等による「教育目標のタキソノミー［認知的領域］」を見直す

このように、「賢さ」には多様な側面・水準の能力が含まれていますが、こうした点を分析的に詳細に考えていく上で手がかりとなるのが、ブルーム等による「教育目標のタキソノミー［認知的領域］」（注1）ではないでしょうか。これは、認識・思考・判断などの認知的諸能力に関する分類枠組みの基礎として長年用いられてきたものです。ここで考えられている認知的諸能力の主要カテゴリー、すなわち、学びと、その結果としての「賢さ」に直結する諸能力の枠組みは、以下のようになっています。

まず、知識のレベルと高次の知的能力・技能のレベルとに大別され、知識が基本的には記憶として考えられているのに対し、知的能力・技能の方は、素材や問題を取り扱うための組織的な操作方法や一般化された技法に関係するもの、とされます。内容構成は表1に示す通りです（注2）。

〈表 1〉ブルーム等のタキソノミー（認知的領域）（梶田、2020）

6・00 評価	目標に照らして価値を判断する	6・10 内的基準によって判断する 6・20 外的基準によって判断する
5・00 総合	要素や部分を一つのまとまったものに組み立てる	5・10 ユニークな伝達内容を創り出す 5・20 計画や実施企画を創り出す 5・30 抽象的な関係性を導き出す
4・00 分析	構成要素や部分に分解し相互の関係を明らかにする	4・10 要素を分析する 4・20 関係性を分析する 4・30 組織原理を分析する
3・00 応用	特定の具体的状況で概念等を活用する	
2・00 理解	伝えられたことが直接的な形で分かる	2・10 変換する 2・20 解釈する 2・30 外挿する
1・00 知識	伝えられたものが想起できる	1・10 個別的なものの知識 1・11 術語の知識 1・12 特定事実の知識 1・20 特定のものを扱う手段・方法の知識 1・21 約束ごとの知識 1・22 傾向性や順序性の知識 1・23 分類とカテゴリーの知識 1・24 基準の知識 1・25 方法論の知識 1・30 一般的なものや抽象的なものの知識 1・31 原理や一般化の知識 1・32 理論や構造の知識

こうしたブルーム等によるタキソノミーは、基本においては妥当なものであり、十分に尊重されるべきものでしょう。しかしながら、カテゴリーの立て方がアカデミックであり過ぎる、一般的な意味で教授・学習の実際との間に距離があるといった批判があります。また、例えば国語の学習と数学の学習では能力カテゴリーに基本的な相違があるのでは、といった形で教科ごとのタキソノミーを考えた方がいいという意見もあります。もっと根本的には、「体験」や「反芻（自己内対話）」や「表現」等に関わる目標カテゴリーが欠落しているのは如何なものか、という批判もあります。

ブルーム等によるタキソノミーのこうした分類枠組みは、例えば〈探究〉に関わる「発想」など拡散的思考に関係した認知能力が欠落しているだけでなく、思考力や判断力や表現力などという高次の認知的諸能力を基盤として支える「体験」が考えられていない、といった欠陥を持っています。我々の考えでは、「自己内対話」も独立した知的能力として考えた方がよいのではないか、という点もないわけではありません。

ブルーム教授が一九八〇年に来日された折、我々はこうした点を含め、タキソノミーの基本構造について率直に意見交換する機会を持ちました。その折に我々は、とりわけ〈開示悟入〉の視点からのタキソノミーの捉え直しなどを試案として出して話し合ったりしたのですが、ブルーム教授はこうした捉え直しの試みに対して非常に関心を持たれ、その後の発展があればまた知らせてほしい、と話しておられたことが印象に残っています。

我々の考える「学びのトータル・タキソノミー」

　人が学習した成果として一定の賢さが実現すると言っても、個々の事柄が分かったりできるようになっている「知識」や「技能」のレベルから、多様な目配りの下に総合判断する「思考」「判断」等のレベル、自分なりに何かを新たに創り出すといった「創造」のレベルまで多様なものがあります。学習の成果としての賢さをきめ細かなレベルに分けて考え、その具体的視点を体系的に準備しておくことが不可欠となります。

　ということで、我々はブルーム等によるタキソノミーを発展させた形での「トータル・タキソノミー」をまず一九九五年に提案し（注3）、その後におい

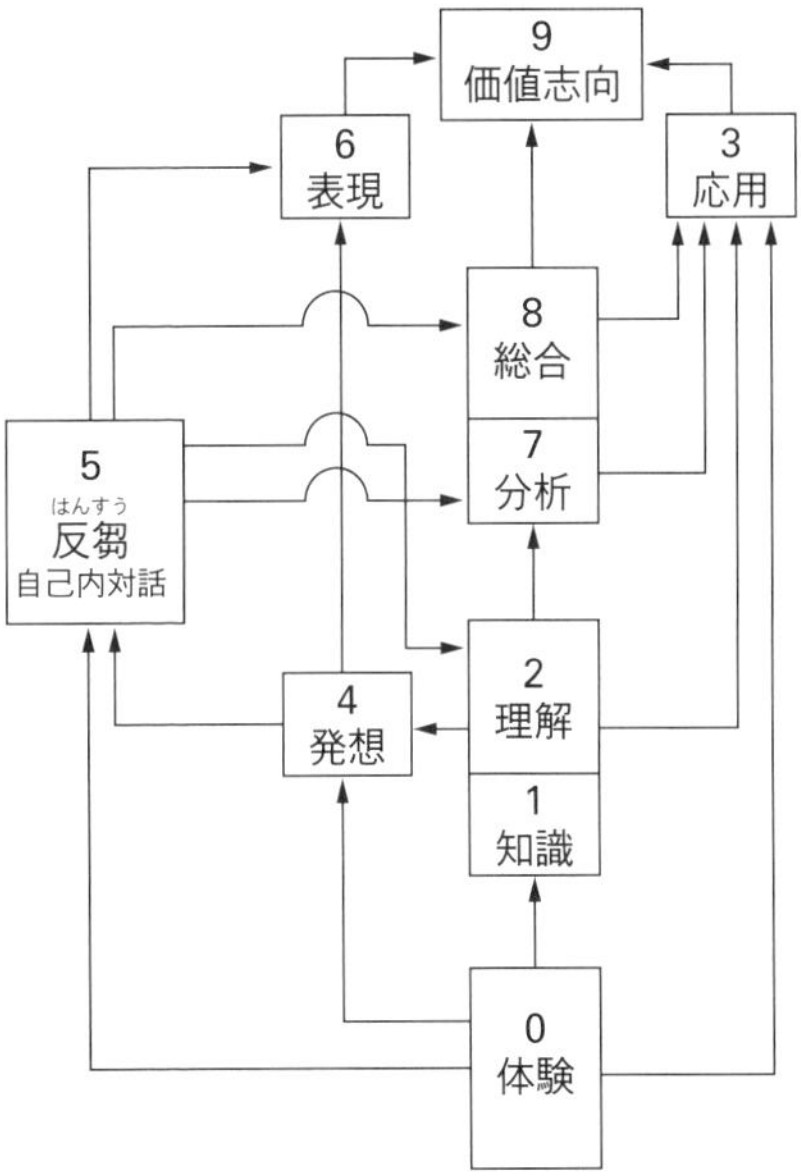

図3　学びに関わる主要教育目標の全体的連関（梶田，2020）

学習活動での留意点	教授・学習形態の例
価値基準や目的の明確化	価値志向に関わるレポート・小論文の作成
まとめ上げるための視点や構造の明確化	総合を必要とするレポート・論文の作成（展望論文等）
構成要素や要因の明確化	分析を必要とするレポート・論文の作成
表現のユニークさ 表現の伝達可能性	表現のユニークさを見るエッセイ・レポート等の作成
自己内対話における視点の明確化	沈思黙考《ちんしもっこう》の時間を持つこと 振り返り内容の記述
アイデアの数と多様性 アイデアのユニークさ	ブレイン・ストーミング アイデア集の作成
問題への粘り強い適応努力	解決すべき問題の設定と取り組みの場の準備（演習等）
体験や他の知識理解との関連づけ	自分なりに意味づけ説明する課題の設定（演習等）
文脈的意味づけ 繰り返し	重要な事実・知識の提示 練習的課題の設定
興味関心の喚起・焦点化	活動の場の設定・準備（フィールド・ワーク等）

〈表2〉学びに関わる主要教育目標
（ERK版トータル・タキソノミー）
（梶田、2020）

	獲得すべき能力等
9　価値志向	事柄の善悪・可否等を判断・志向する
8　総合	多様な考えや事実を一つにまとめる
7　分析	事実を小分けして吟味検討する
6　表現	内面のものを伝達可能形態にする
5　反芻	内的リハーサルで実感に組み込む
4　発想	拡散思考で多数のアイデアを出す
3　応用	能力を現実の問題解決に活用できる
2　理解	同一意味を自分の言葉で表現できる
1　知識	概念的記憶となる再生確認できる
0　体験	場や事象とふれあい相互活動する

ても機会あるごとに多少の手直しをしながら提案し続けてきました。学びの成果を総合的に捉え、学びの過程で念頭に置くべき主要な教育目標を、その相互連関を含めて明確化しようとしたものです。ここには最新の二〇二〇年版（注4）を、図3と表2として掲げておきます。わが国での基礎・基本の論議や明確化には、従来、学習成果をこうした形で能力レベル的に位置付けして見ていくという視点が欠けがちであっただけに、今後はこうした点についての十分な検討と理解が必要とされるのではないでしょうか。

「一点豪華主義的」な発想を乗り越え多層的総合的に

われわれの「トータル・タキソノミー」に示すように、「賢く」なるためには、知的諸能力の多層的総合的な形成が不可欠であると考えています。どれか一つのカテゴリーに入るものを取り上げ、これさえ形成すれば大丈夫というものではないはずです。「体験」だけを重視したり、「思考力」だけを重視したり、様々な独善的主張が我が国の教育界に横行しがちでしたが、「一点豪華主義的」な発想では子どもを本当に「賢く」できないのではないでしょうか。「トータル・タキソノミー」に示すところを一つの参考にして頂き、「言葉の力」をあらゆるレベルで活用しつつ、多層的総合的に「賢さ」の育成を追求していきたいものです。

注

（1）B・S・ブルーム他（梶田叡一他訳）『教育評価法ハンドブック――教科学習の形成的評価と総括的評価』第一法規、一九七三。梶田叡一『教育評価』有斐閣、一九八三［最新の第二版補訂二版は二〇一〇年刊行］を参照されたい。
（2）梶田叡一『教育評価を学ぶ』文溪堂、二〇二〇、第六章。
（3）梶田叡一「大学の教育方法の何が問題か」京都大学高等教育研究、創刊号、一九九五、一三～一九頁。
（4）注2と同じ。

あとがき

言葉の問題は、心理学研究者として学生時代からずっと関心を持ち続けてきました。特に、言葉の獲得と活用能力の発達と学習、言葉による個人間のコミュニケーションやマスコミュニケーション、言葉による精神の呪縛や解放、等々の問題にはずっと関心を持ってきました。

その後、S・I・ハヤカワらの本を読む中で一般意味論への関心が深まりました。そしてブルーム研究の同志として親しくして頂いた井上尚美さん（元東京学芸大学教授）がサンフランシスコ州立大学（現在はカリフォルニア州立大学サンフランシスコ校）でS・I・ハヤカワに親しく指導を受け、その弟子の一人と言ってもいい存在であったという事情も幸いし、「現地」（事実・実状・実態）に対する「地図」（言葉で表現されたもの）の関係の在り方、言葉が人の認知や思考に与える各種の影響に大きな関心を持ち続けています。

言葉と教育との関係については、特に二〇〇八〜二〇〇九年の小・中・高等学校の学習指導要領改訂に際し、「言葉の力」とその育成について考える機会が飛躍的に増えました。学習指導要領改訂の取りまとめ役の中央教育審議会教育課程部会長・初等中等教育分科会長を務めたことからでした。この時の改訂の事務局役を務めた文部科学省の常盤豊教育課程課長（当時）との連携の下に、そして合田哲雄教育課程企画室長（当時）の精力的な調整作業を支えとして、「言葉の力」を、そしてそれを育てるための「言語活動」を、あらゆる教科等の学習の基礎として重視するとの方向づけができました。

とりわけ、文部科学省初等中等教育局に二〇〇六年六月～二〇〇八年三月の間設置された言語力育成協力者会議の座長を務めさせて頂き、いろいろと討議する中で、多面的に言葉の問題について考える機会を持つことができました。この会は、学習指導要領を改訂するにあたって「言葉の力」を各教科・領域の学力基盤として重視する、という中央教育審議会教育課程部会の方針を具体化するためのもので、国語学者や言語学者、心理学者や教育学者、国語教育や外国語教育の理論家や実践家といった方々をメンバーとするものでした。関心や発想、視点や論点がメンバーの方々の間で極めて多岐にわたっており、必ずしも一つの結論めいたものを纏めるものではありませんでしたが、改めて教育活動の基本としての言葉の問題を、多面的に考えさせていただいたように思います。

さらには、二〇〇八年九月に日本語検定委員会の理事長に就任したことで、現代日本社会での望ましい言葉（日本語）の使い方について考える機会が増えました。現代日本語の具体的用法についてそれぞれ見識をお持ちの理事や審議委員の方々と、また事務局の専門的な方々と様々な機会に議論を重ねてきていることも、私自身にとって貴重な学びの機会となっています。これまた感謝です。

本書は、そうした背景の中で折々に発言してきたことを取り纏め、加筆整理したものです。主要な部分は、（株）ERPの大谷武彦さん（元東京書籍編集局長）によって、以下のような形でまとめられたものを土台としています。

梶田叡一「あらゆる学習の基幹『言葉の力』を育てる」週刊教育PRO（特集号）、二〇一二年三月。
梶田叡一『言葉の力と言語活動』ERPブックレット、二〇一三年七月。

この二冊の小冊子に収録された文章に加筆し再整理する形で本書の大半はできていますが、それ以外の文章の初出は以下の通りです。

プロローグ「〈言葉の力〉を育てるということ」『教育フォーラム四六』金子書房、二〇一〇、六〜一四頁」。
第四章「体験と言葉」『教育フォーラム三八』金子書房、二〇〇六、一一八〜一二五頁。
第六章「文学作品との出会いと〈言葉の力〉」『教育フォーラム五三』金子書房、二〇一四、六〜一四頁。

第八章　「3水準の「読む」「書く」力を──〈言葉の力〉を真に育成する言語活動のために」『教育フォーラム五一』金子書房、二〇一三、六〜一三頁。
第九章　「論理的な〈言葉の力〉の育成と言語技術教育」『教育実践研究』桃山学院教育大学、二〇一九、六一―九〇頁。
エピローグ　「言葉の力を鍛えて『賢さ』の実現を」『教育フォーラム五四』金子書房、二〇一四、六〜十一頁。
［コラム　聖なる言葉〈オーム〉］「真言オーム」初出誌不明
［コラム　最短最小の定型詩「狂俳」］「狂俳」『教育PRO』ERP、二〇一九年二月一九日号
［コラム　言葉の表の意味と裏の意味と］「ことばの表の意味」と裏の意味と」『教育PRO』ERP、二〇一八年四月一七日号
その他のコラムは書き下ろしです。

なお、本書の中に引用した資料の一部には、現在では不適切とされている言葉や表現がありますが、本書では原典を尊重してそのまま引用させていただいております。

最後になりましたが、折にふれて激励して頂き、またお世話して頂いている（株）ERPの大谷武彦さんには、この機会を借りて心から感謝したいと思います。また、本書をこのような形に

まとめあげるに際しては、金子書房編集部の岩城亮太郎さんが、細部にわたるまで綿密にお骨折り下さいました。深く謝意を表したいと思います。

二〇二二年一一月　北摂箕面の寓居にて

梶田叡一

著者紹介

梶田 叡一（かじた・えいいち）

1941年島根県松江市に出生、鳥取県米子市で育つ。京都大学文学部哲学科心理学専攻卒、文学博士（京都大学）。国立教育研究所主任研究官、大阪大学教授、京都大学教授、兵庫教育大学学長、などを歴任。この間、教育改革国民会議委員、中央教育審議会副会長・初等中等教育分科会長・教員養成部会長・教育課程部会長なども務める。現在は、聖ウルスラ学院理事長、日本語検定委員会理事長。

主な著書に、『自己意識論集（全5巻）』（東京書籍）、『和魂ルネッサンス』（ERP）、『不干斎ハビアンの思想』（創元社）、『教師力の再興』（文溪堂）、『教育評価を学ぶ』（文溪堂）、『〈いのち〉の教育のために』（金子書房）、『人間教育の道』（金子書房）など。

言葉の力を育てる

2023年11月30日　初版第1刷発行　　　検印省略

著　者　梶田叡一
発行者　金子紀子
発行所　株式会社　金子書房
〒112-0012 東京都文京区大塚3-3-7
TEL 03-3941-0111〔代〕／FAX 03-3941-0163
振替 00180-9-103376
URL　https://www.kanekoshobo.co.jp

印刷　藤原印刷株式会社　　製本　有限会社井上製本所

ISBN978-4-7608-2455-7　C3037　　Printed in Japan